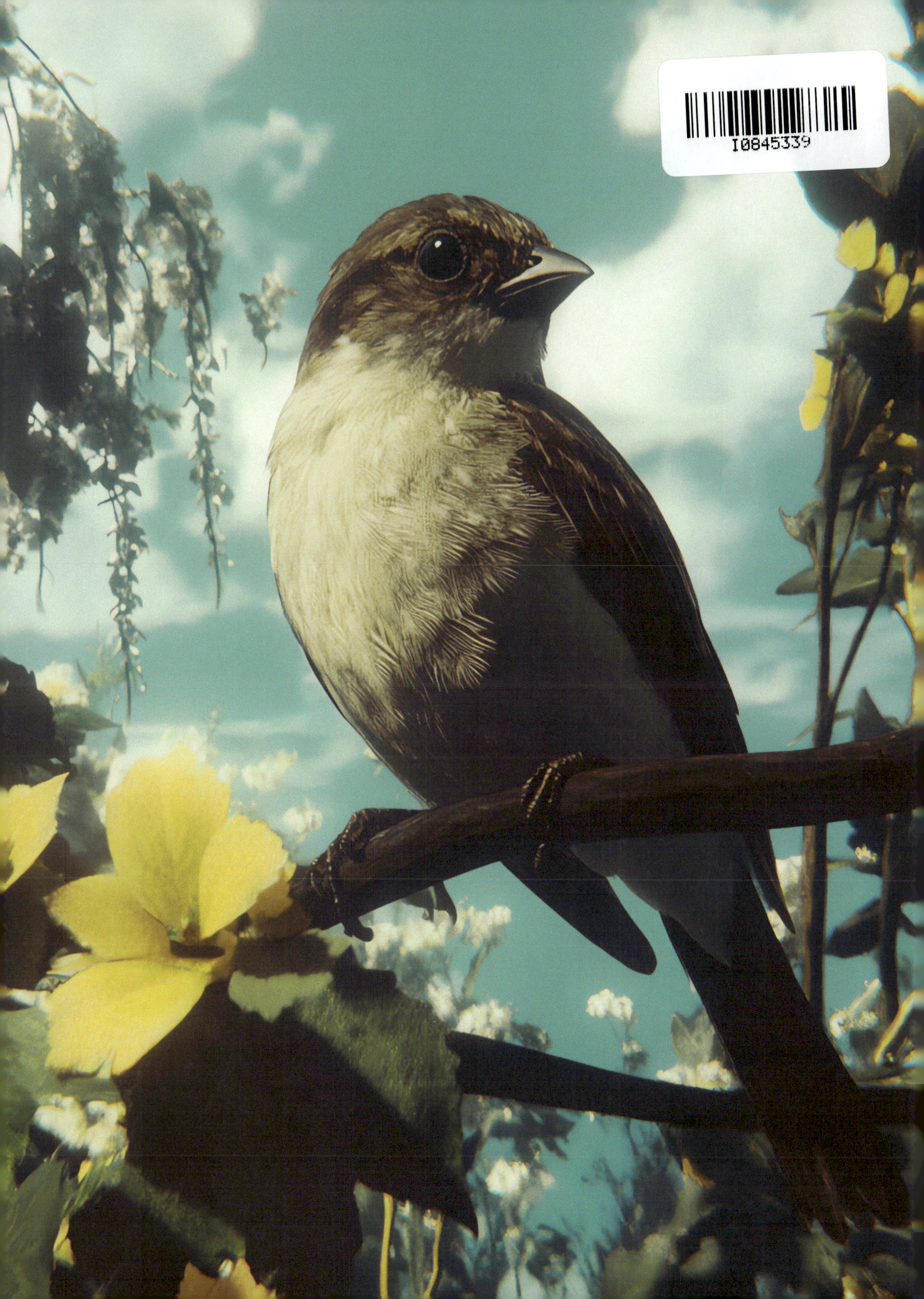
I0845339

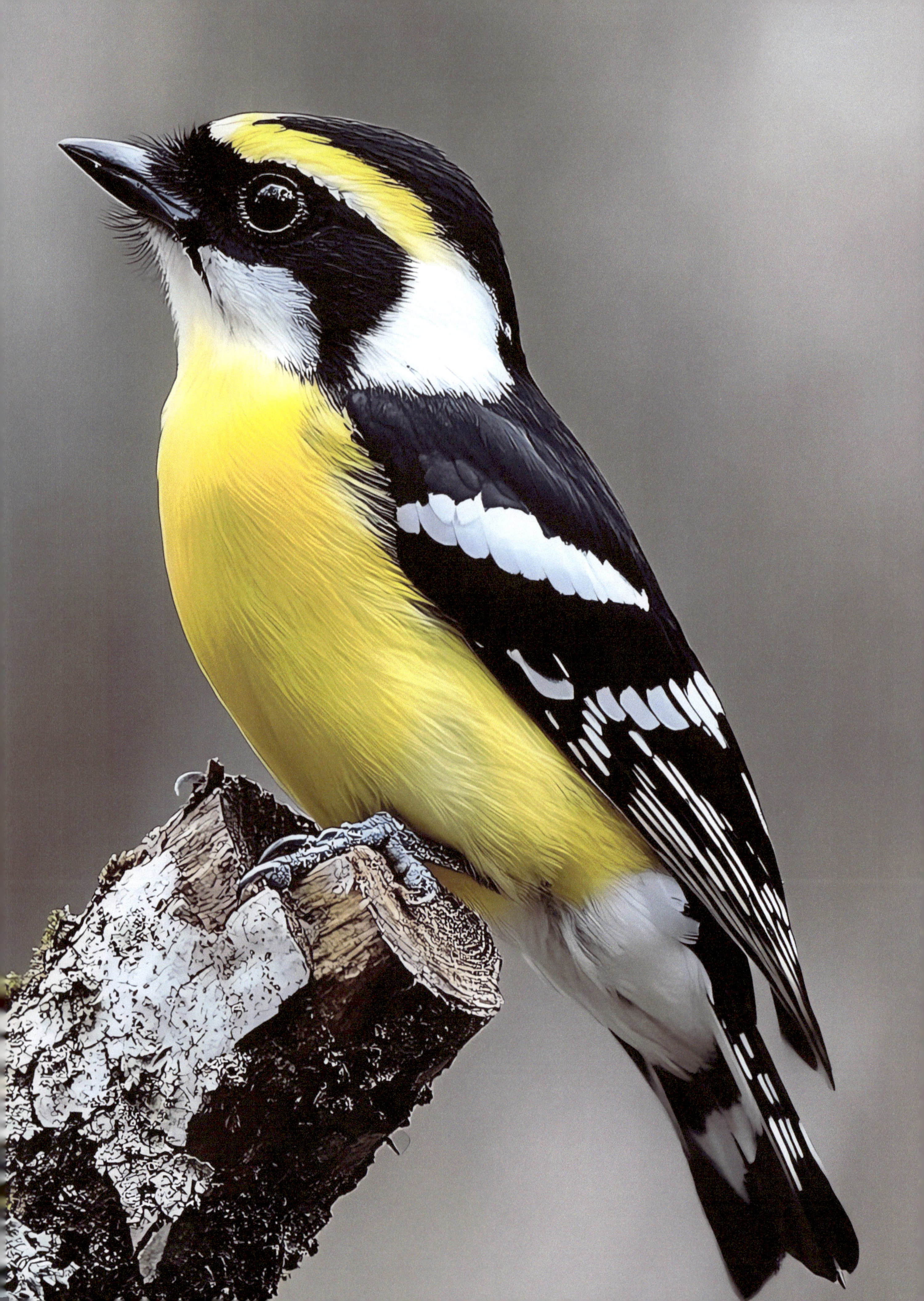

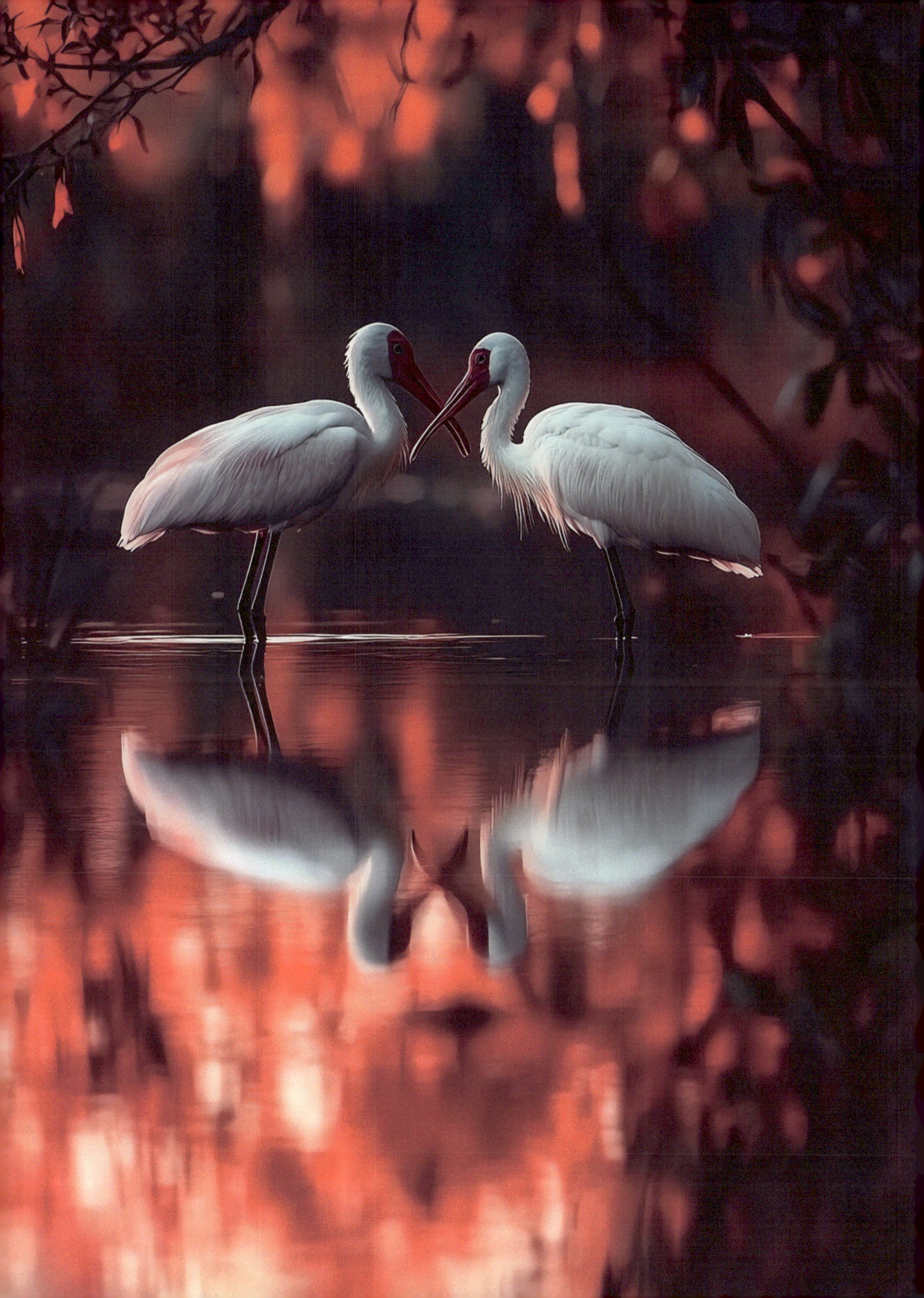

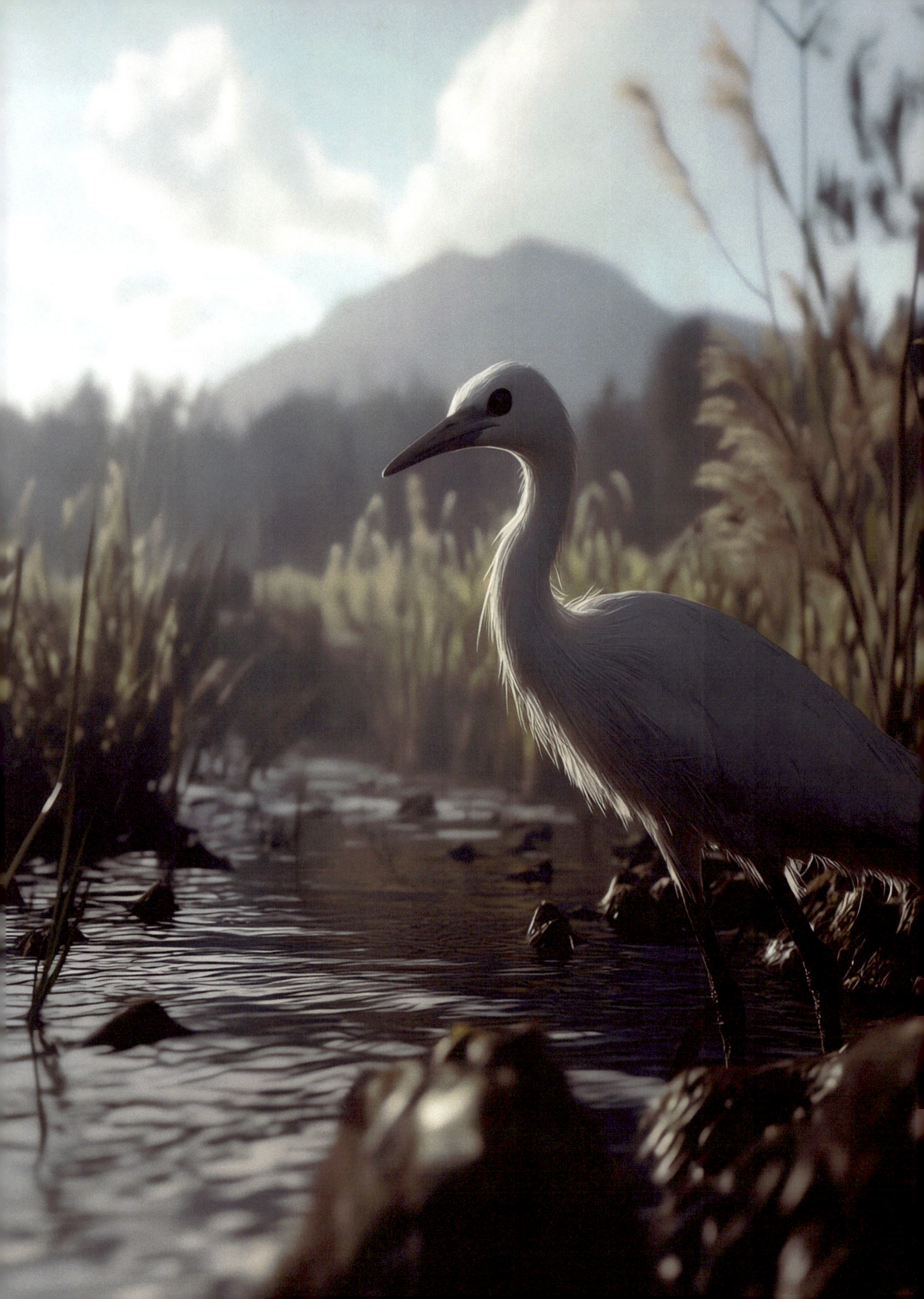

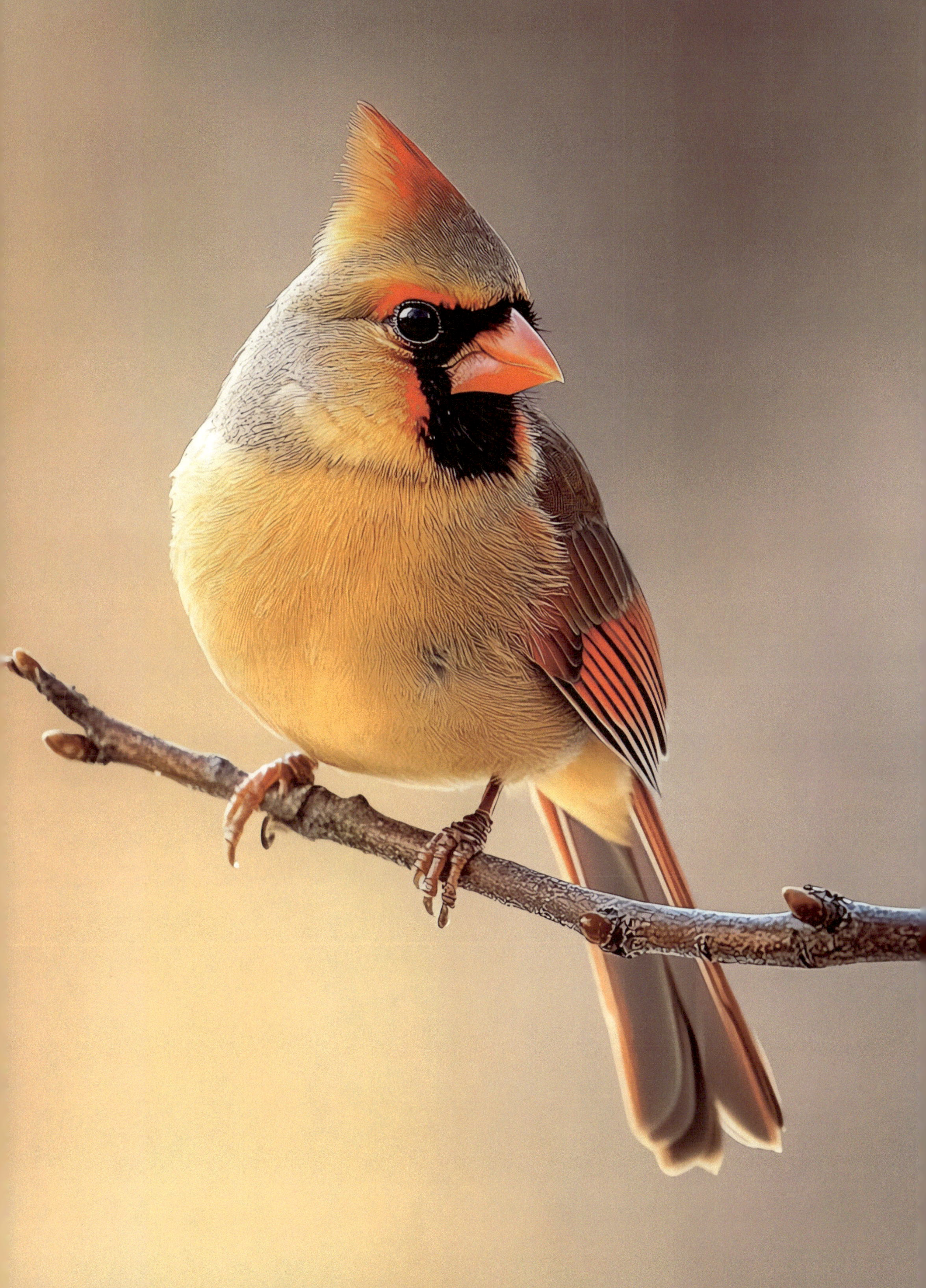

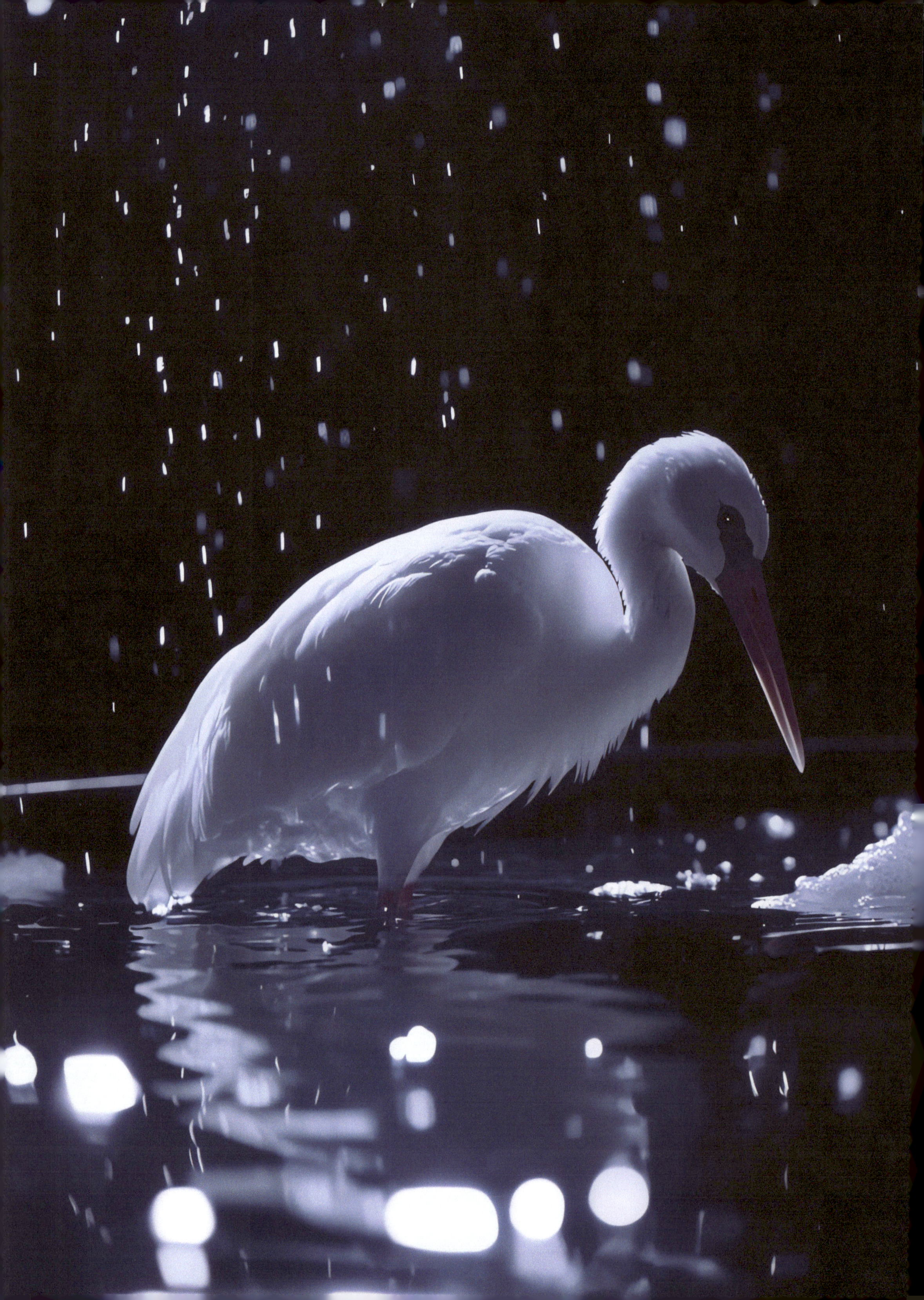

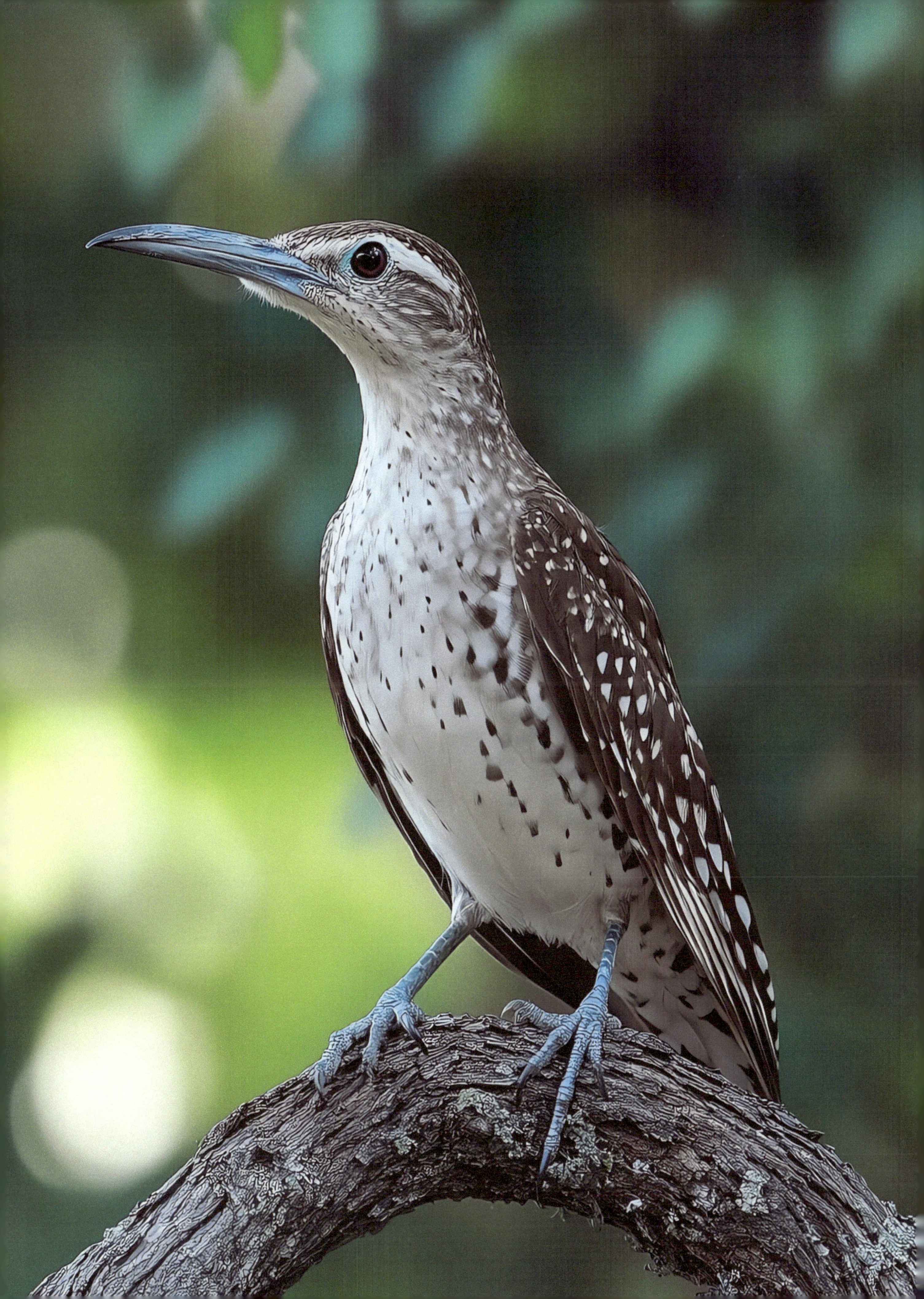

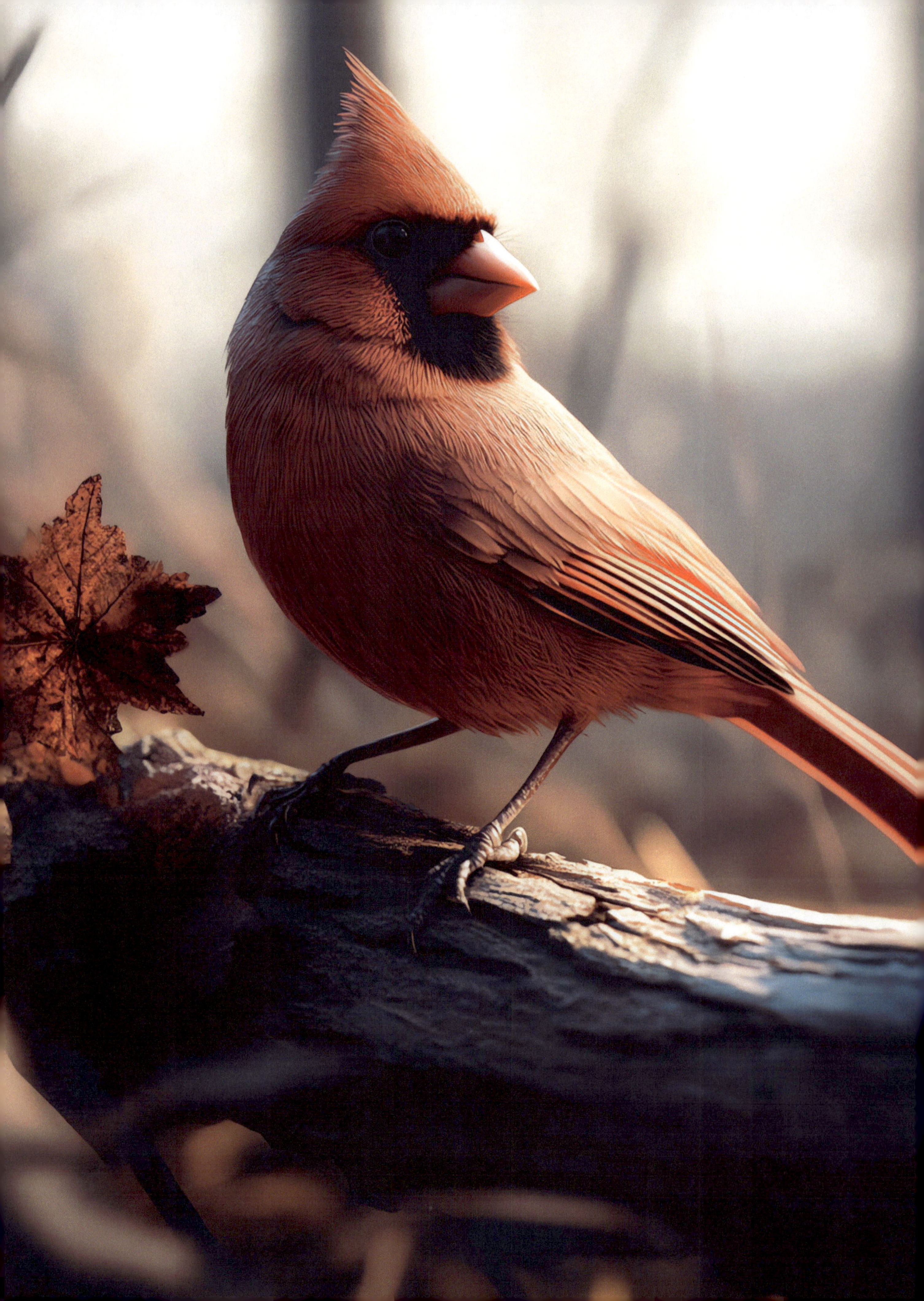

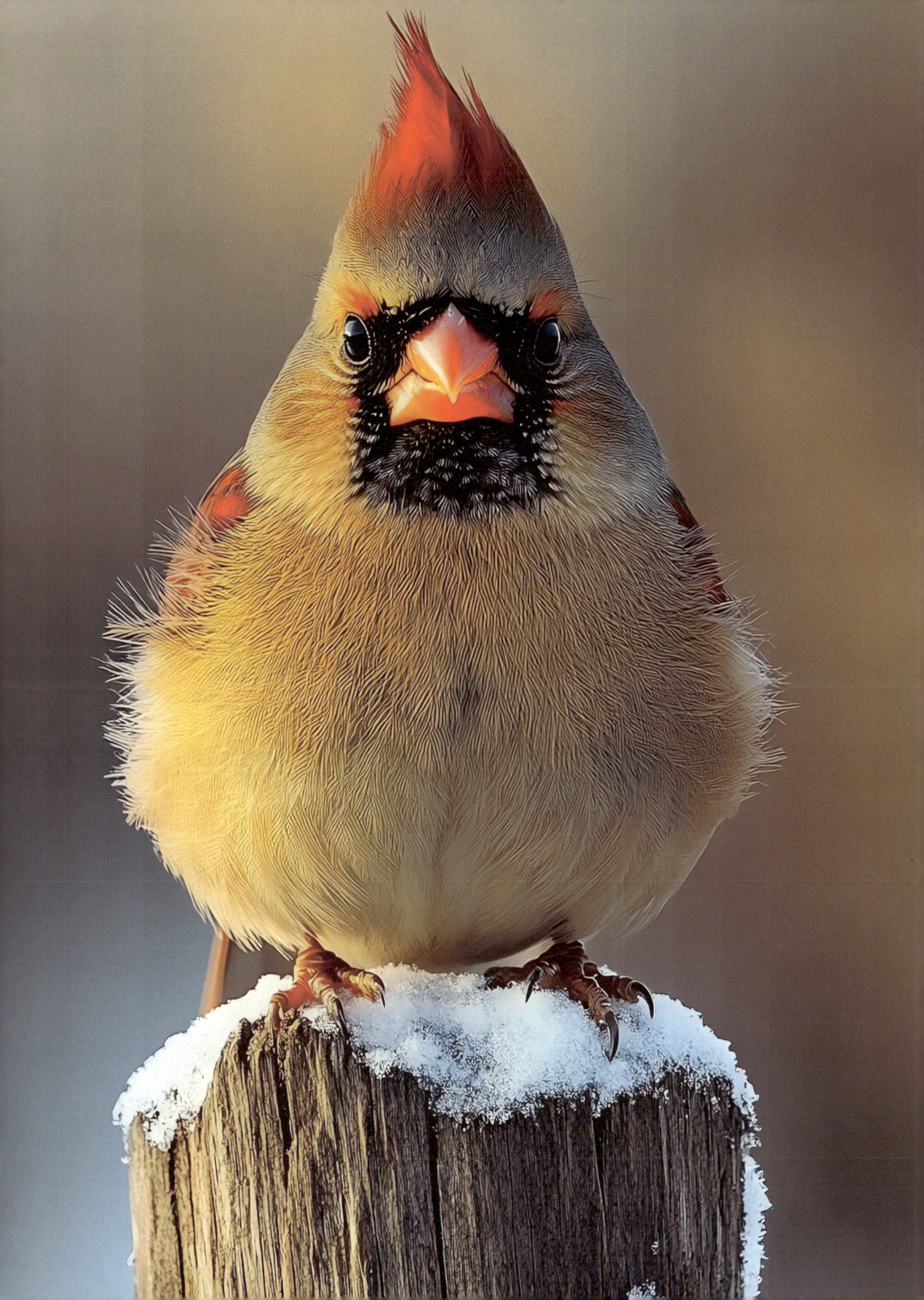

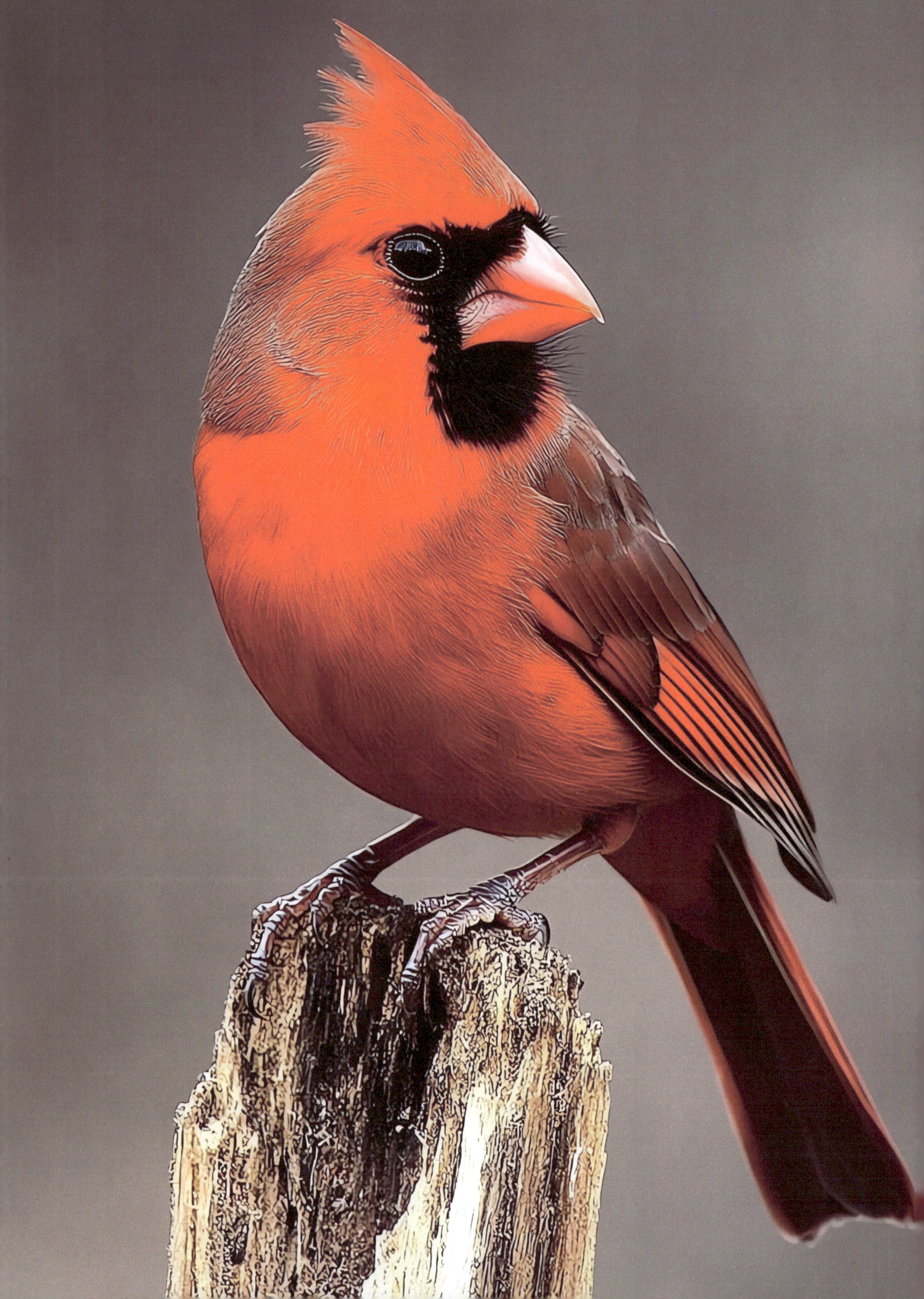

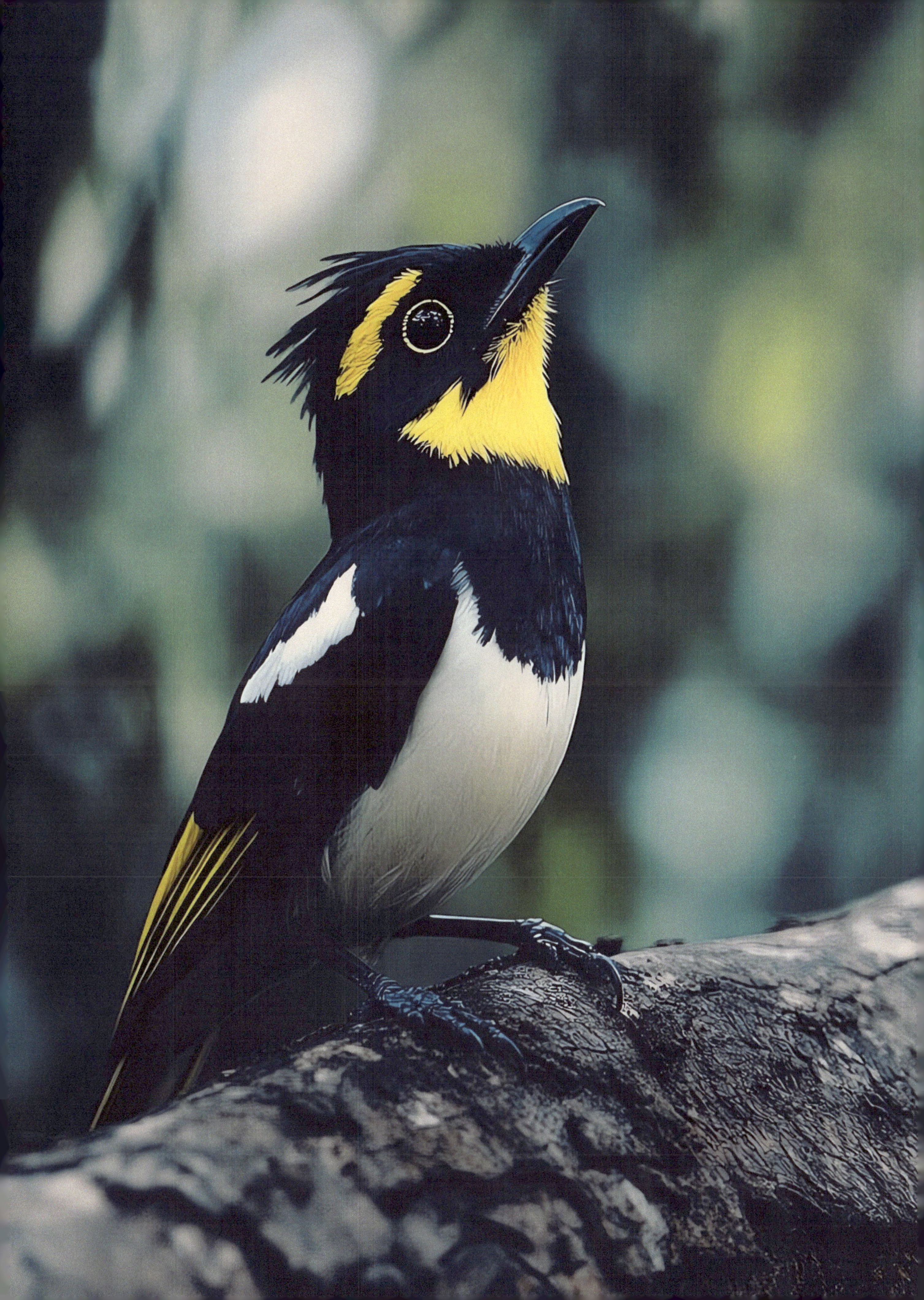

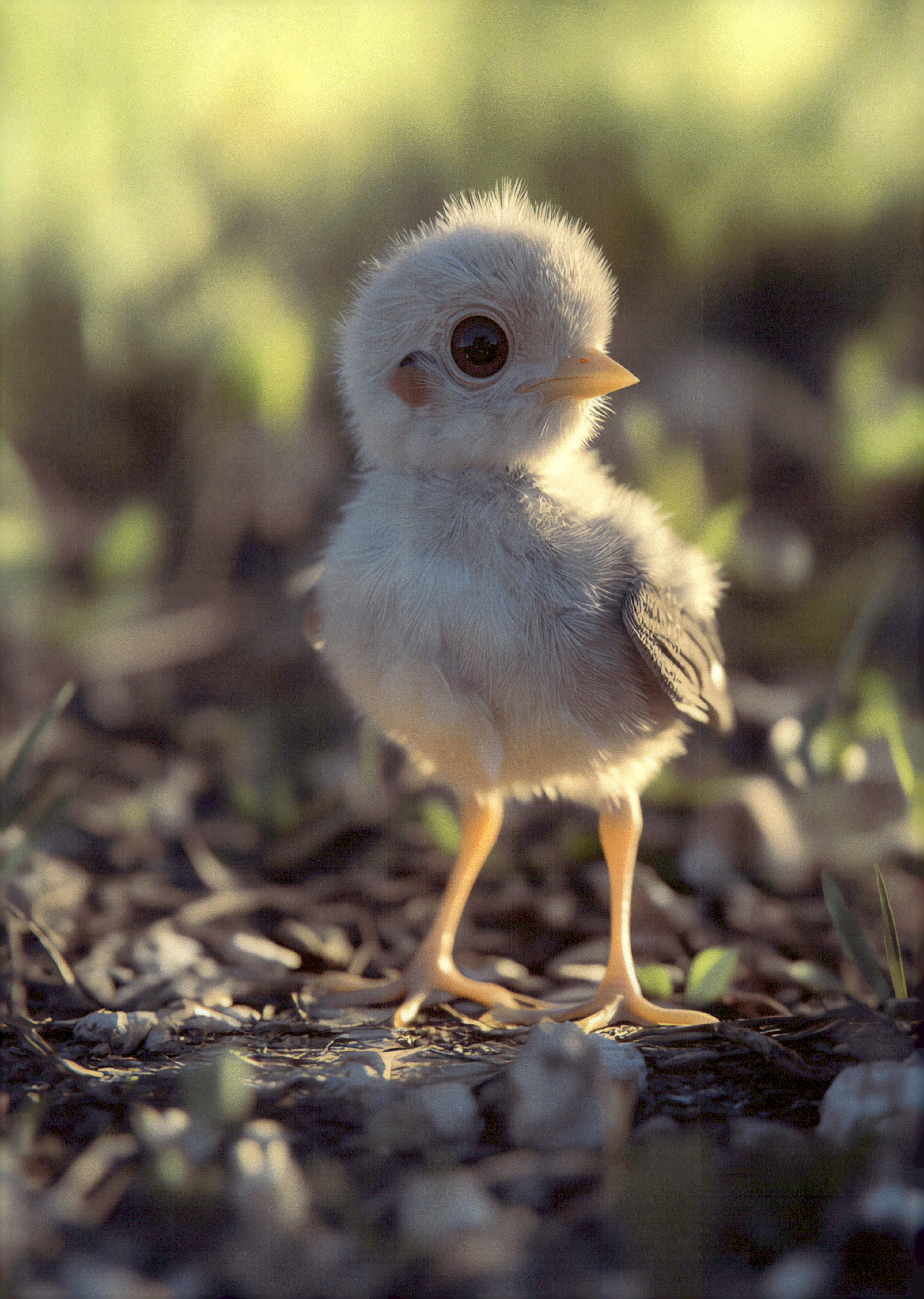

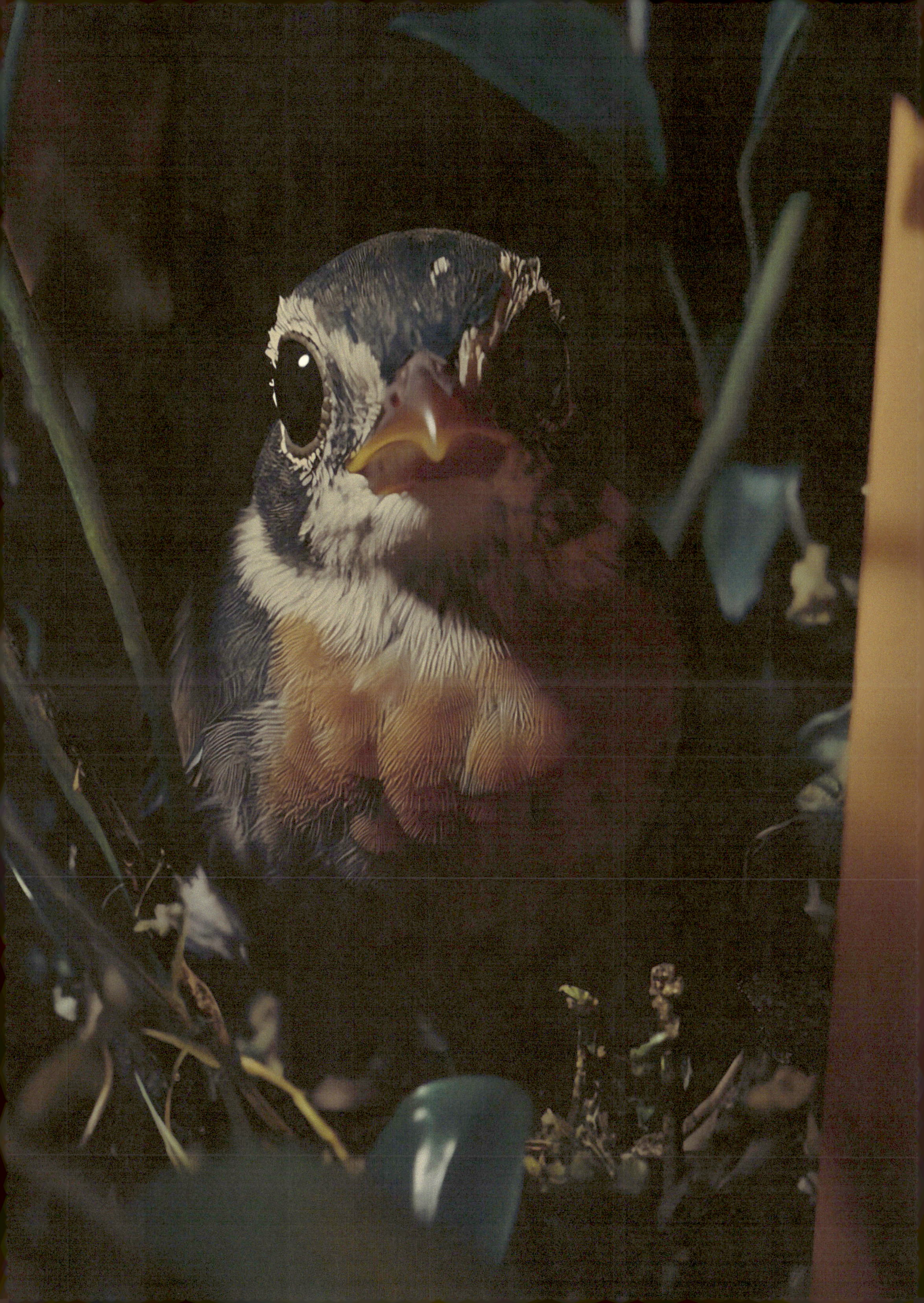

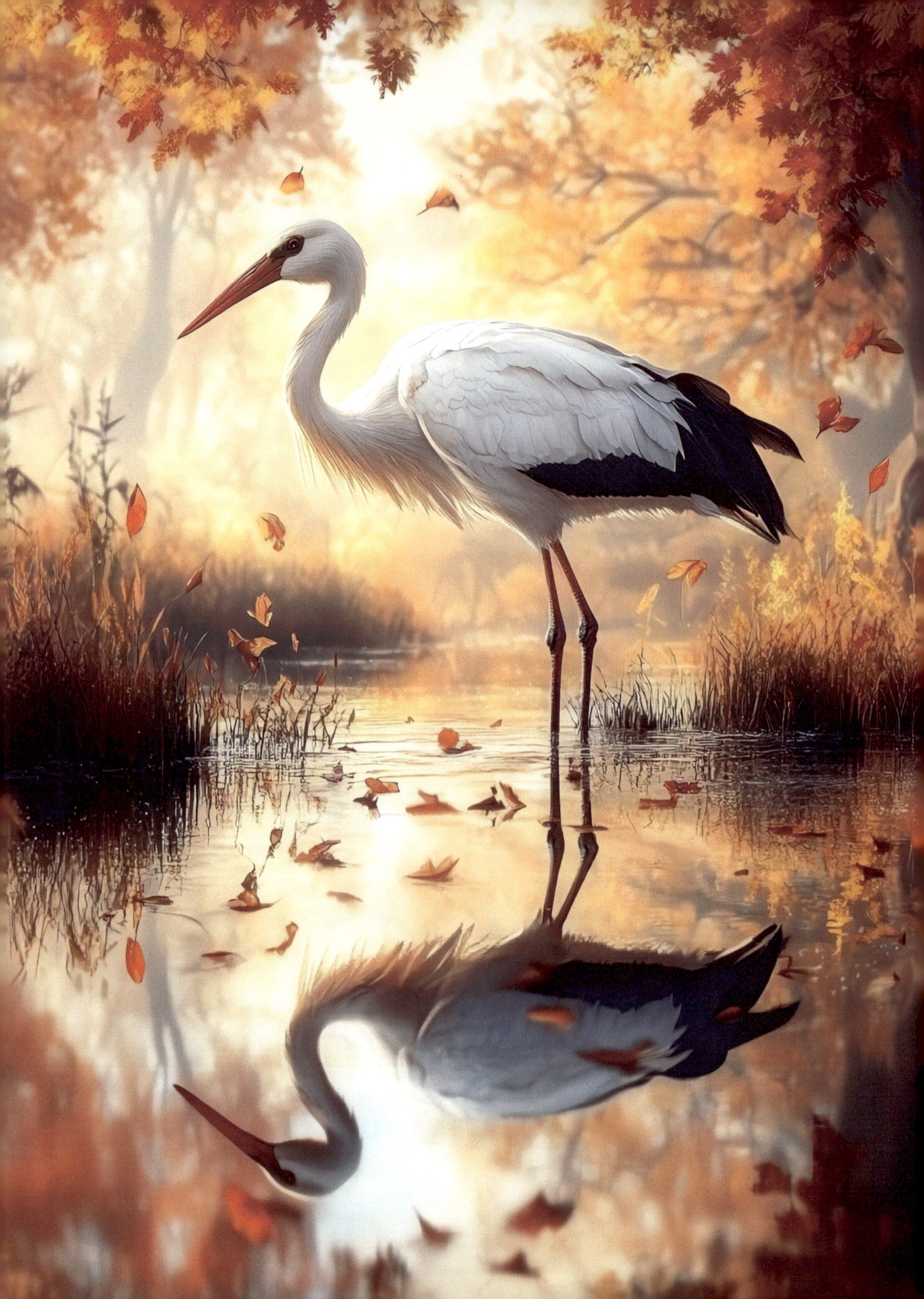

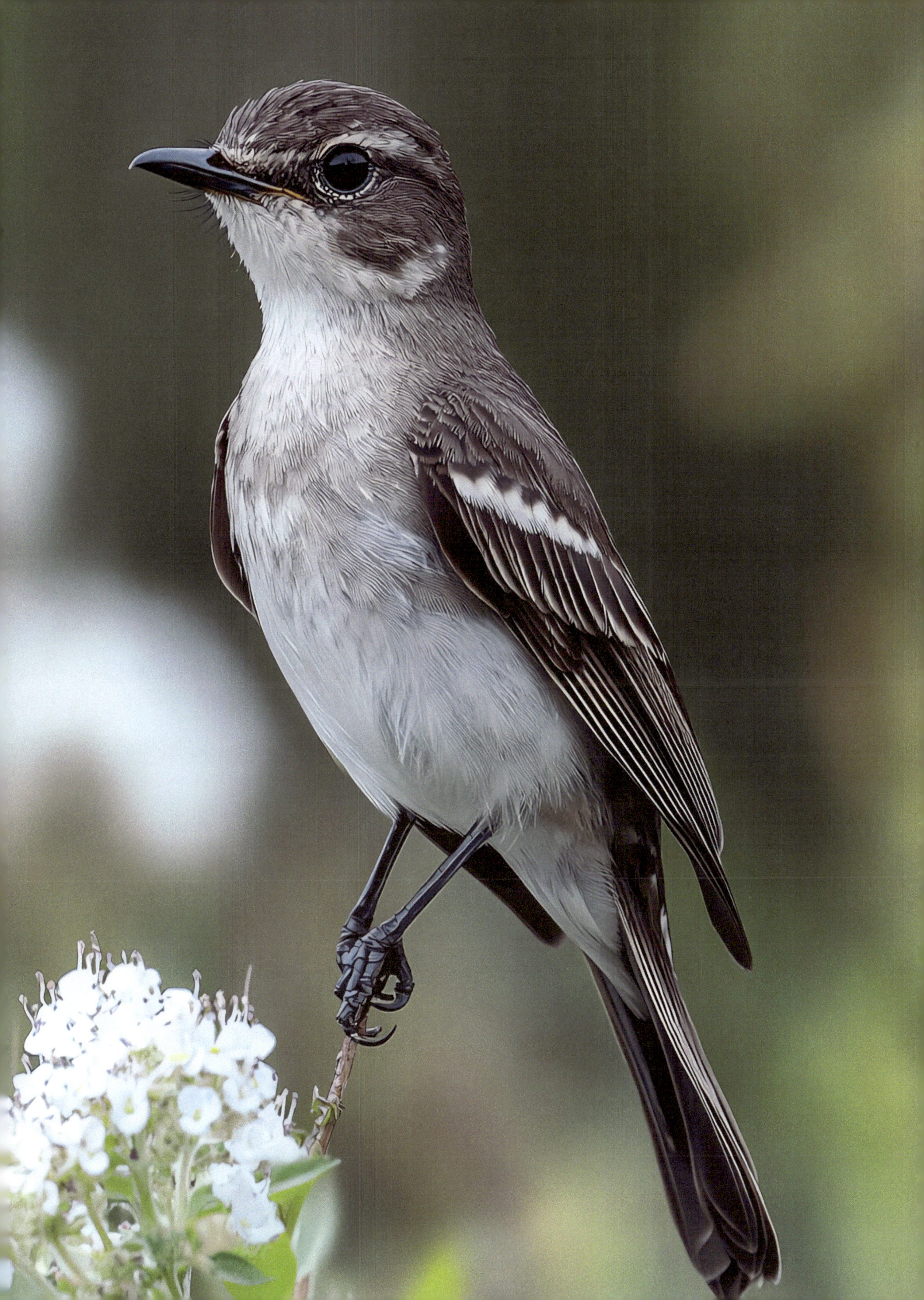

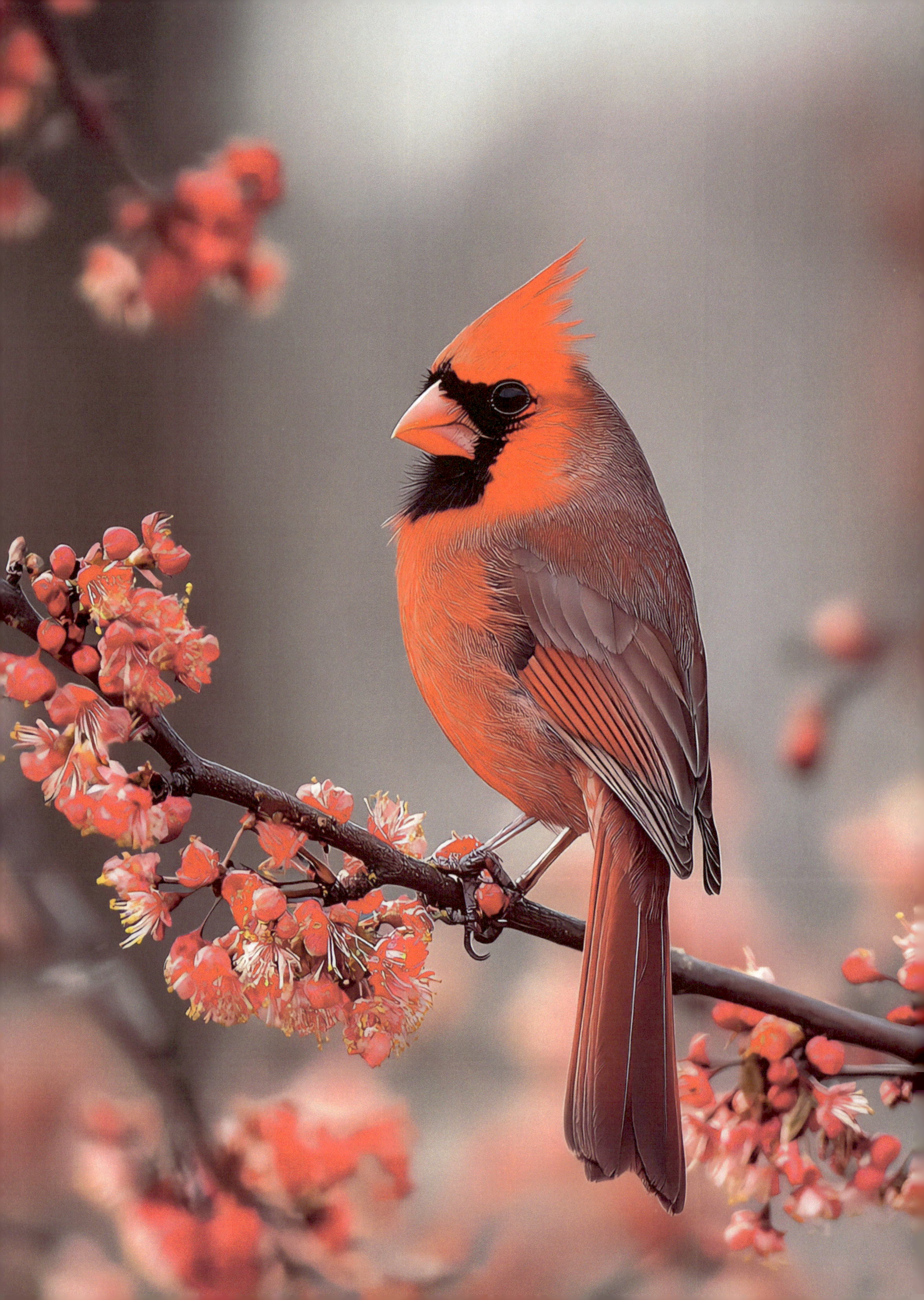

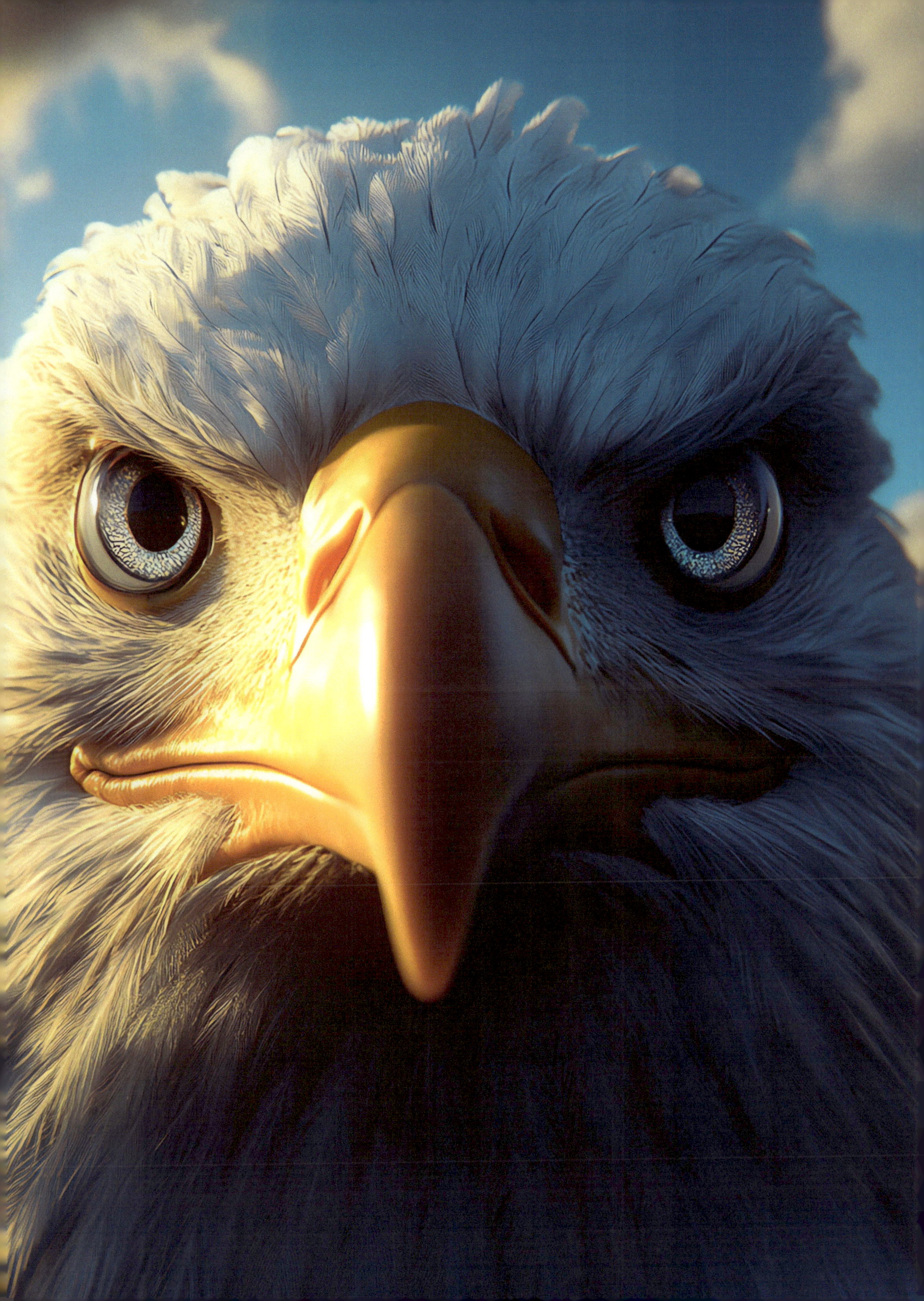

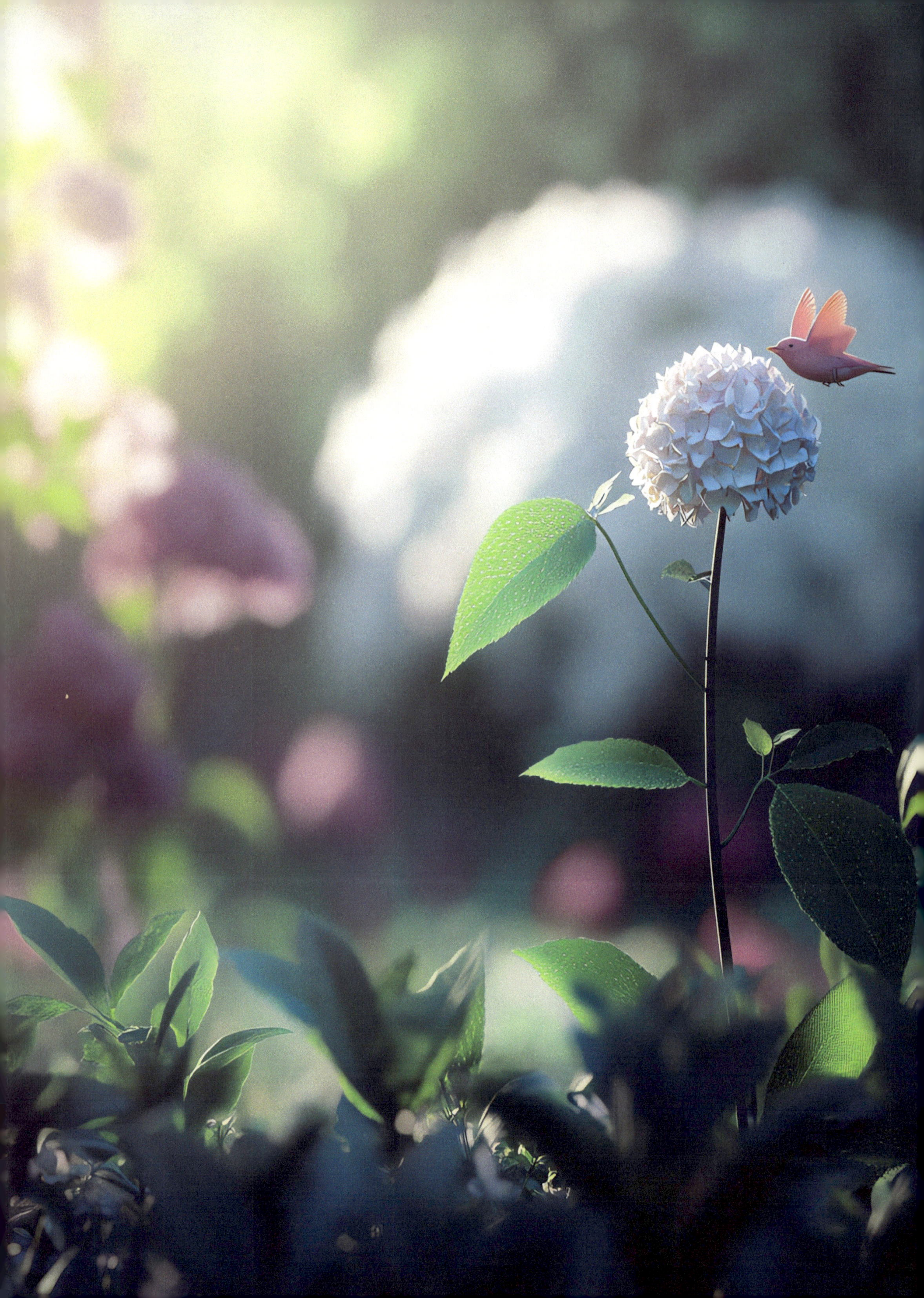

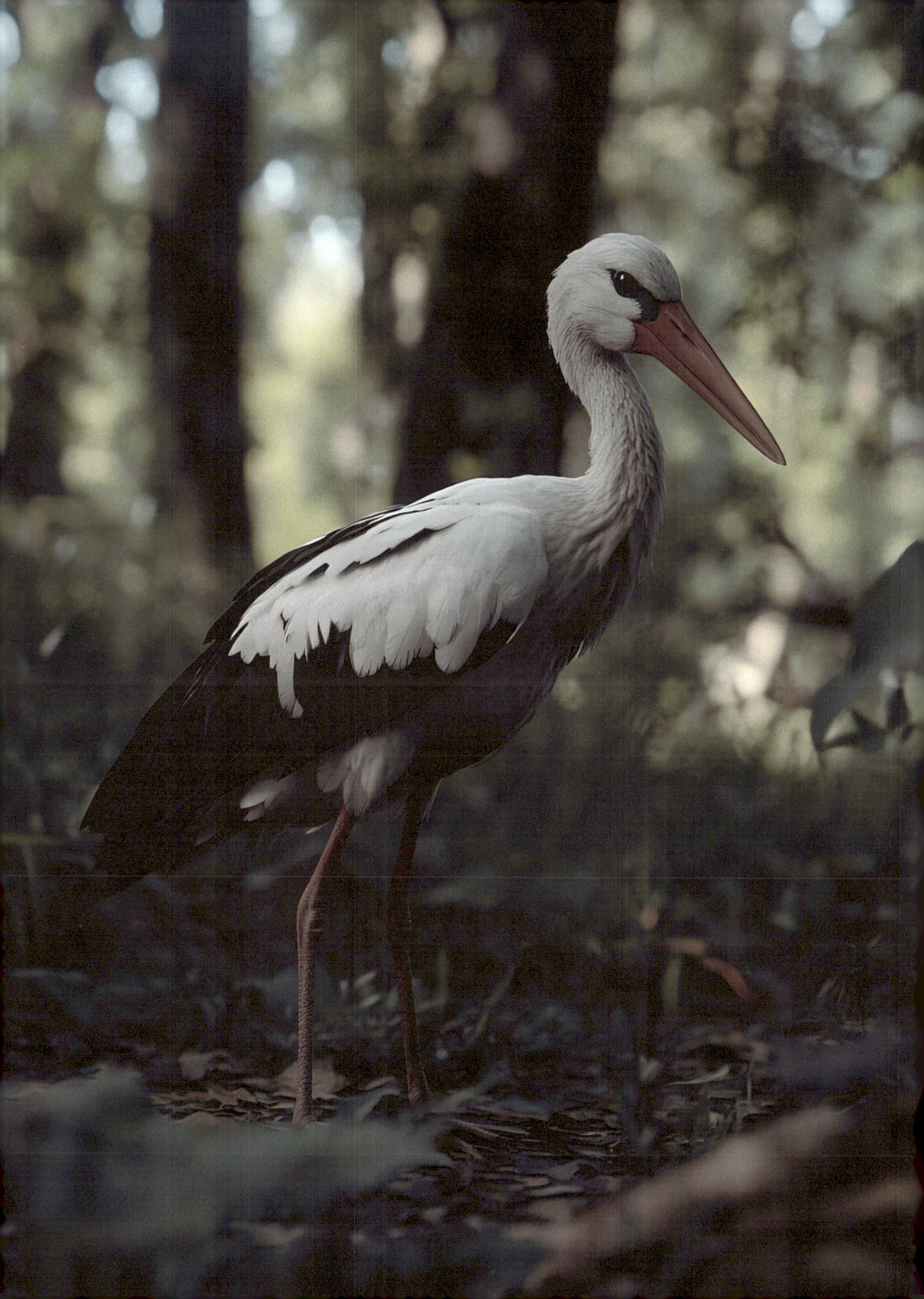

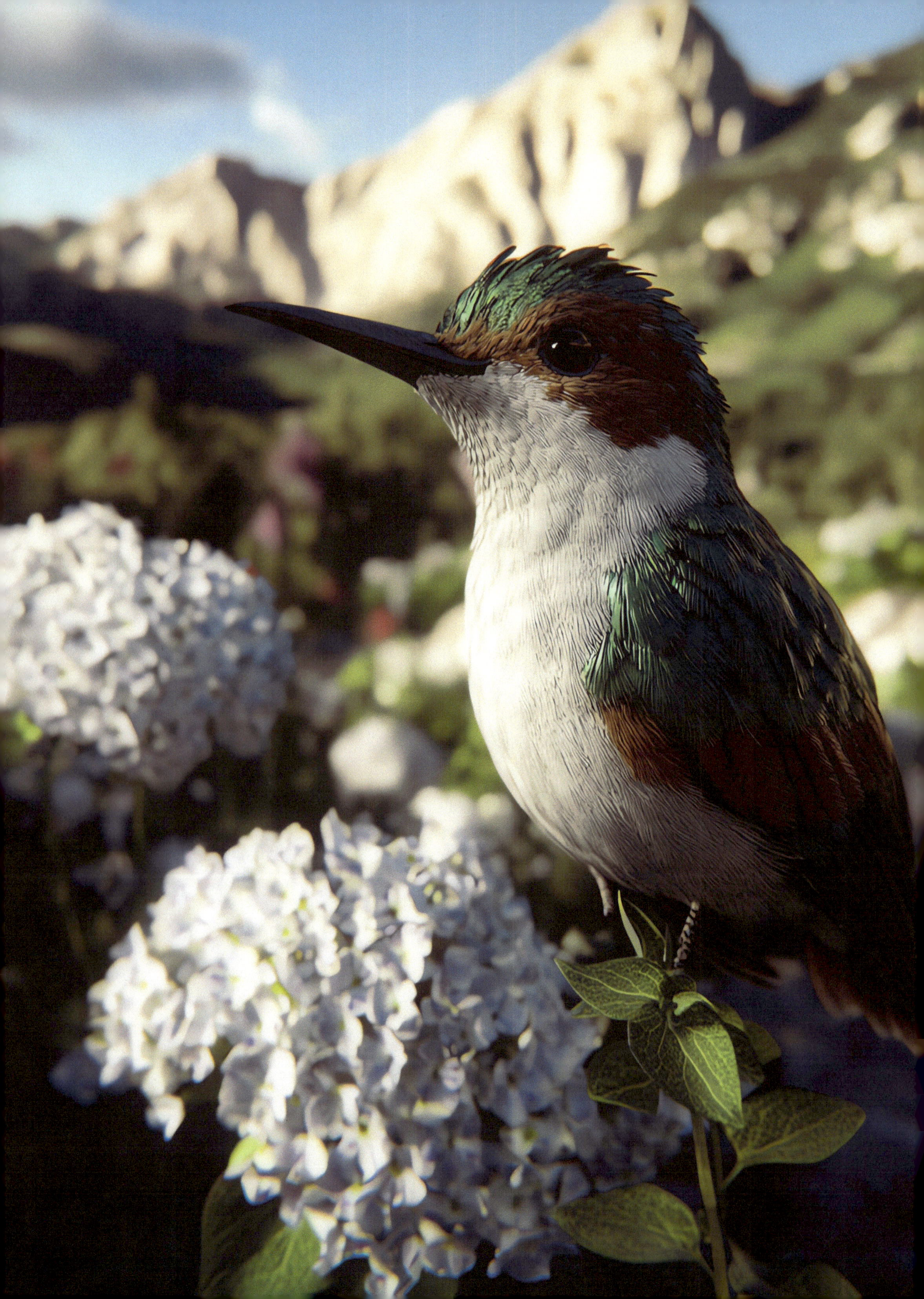

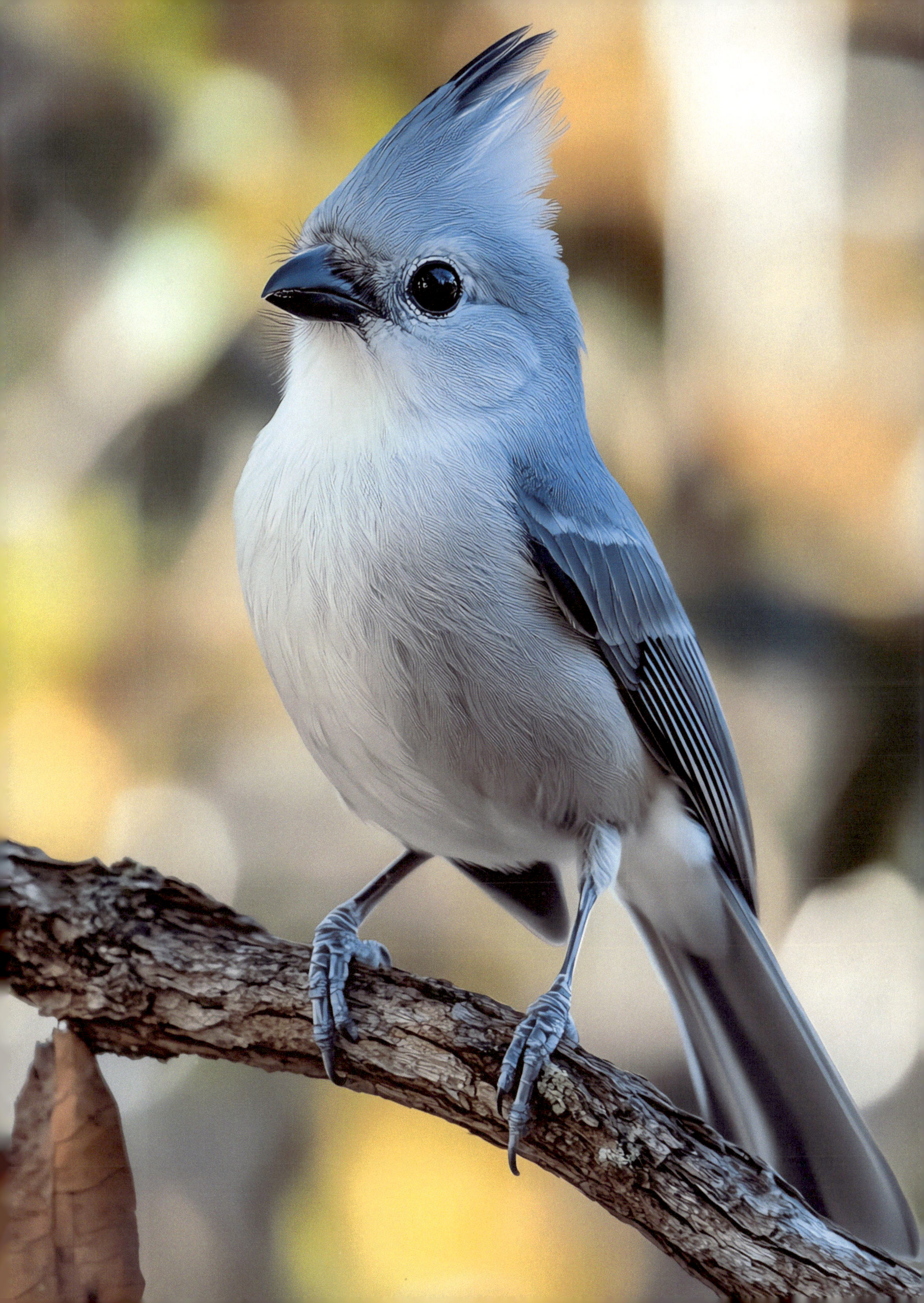

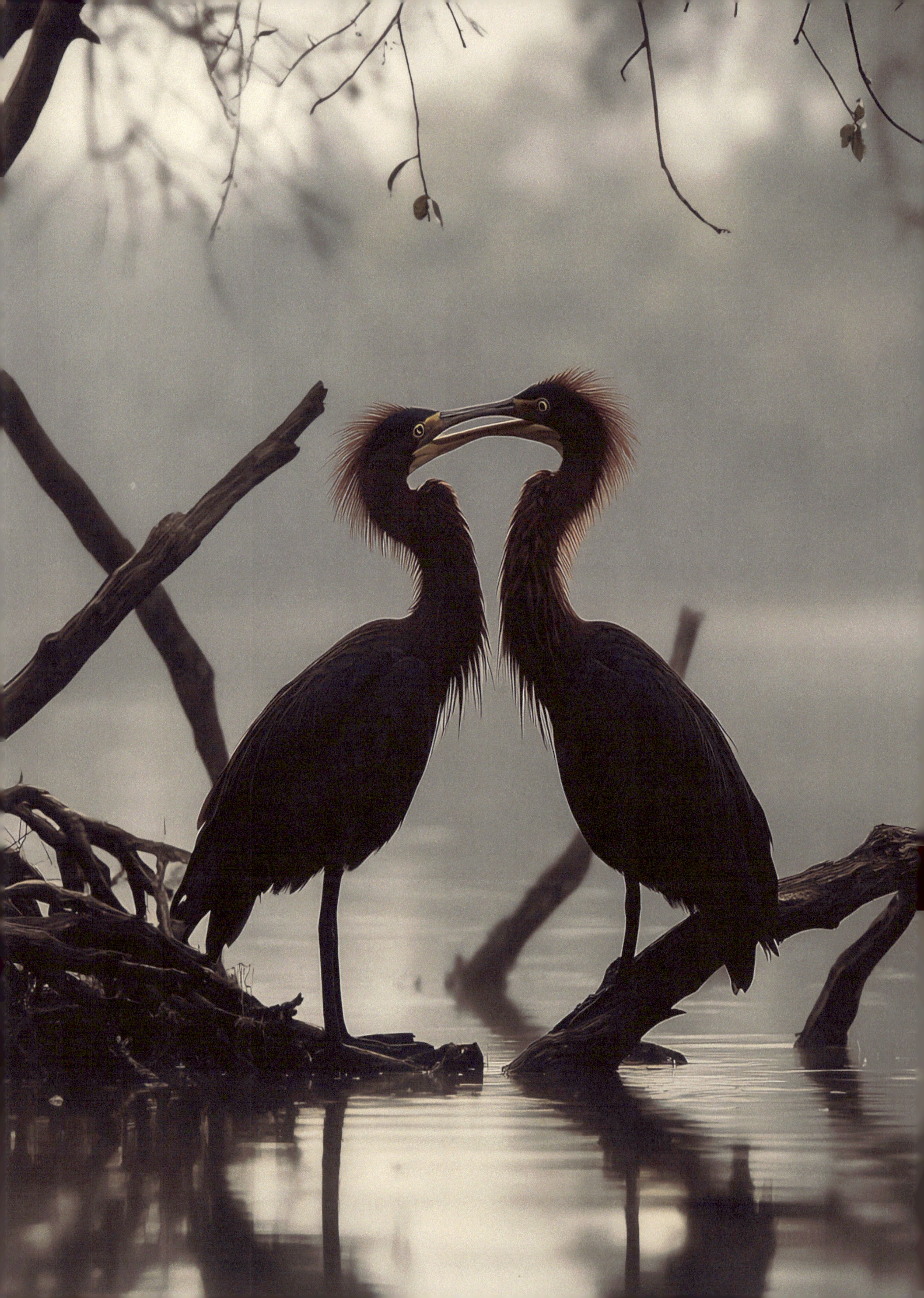

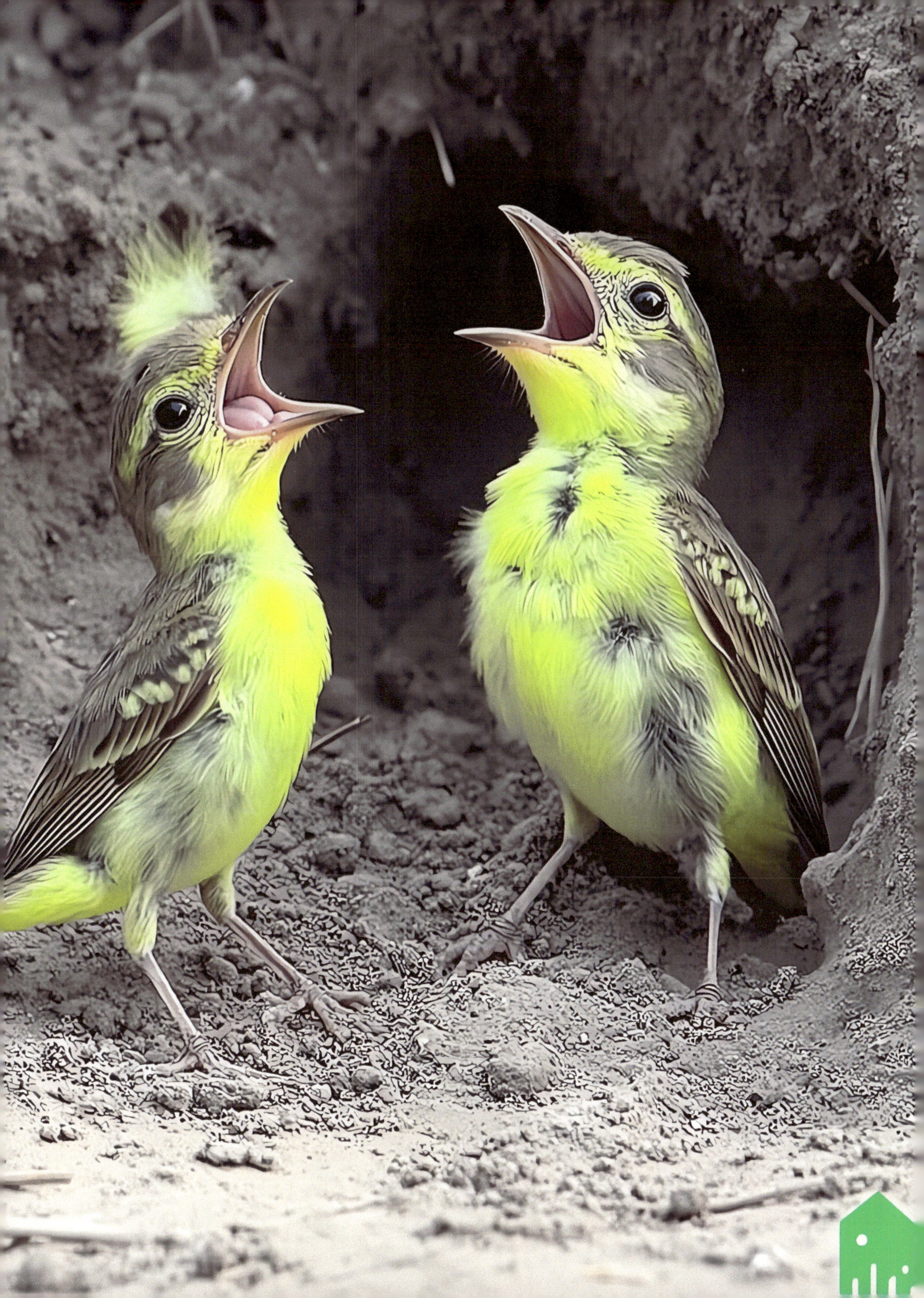

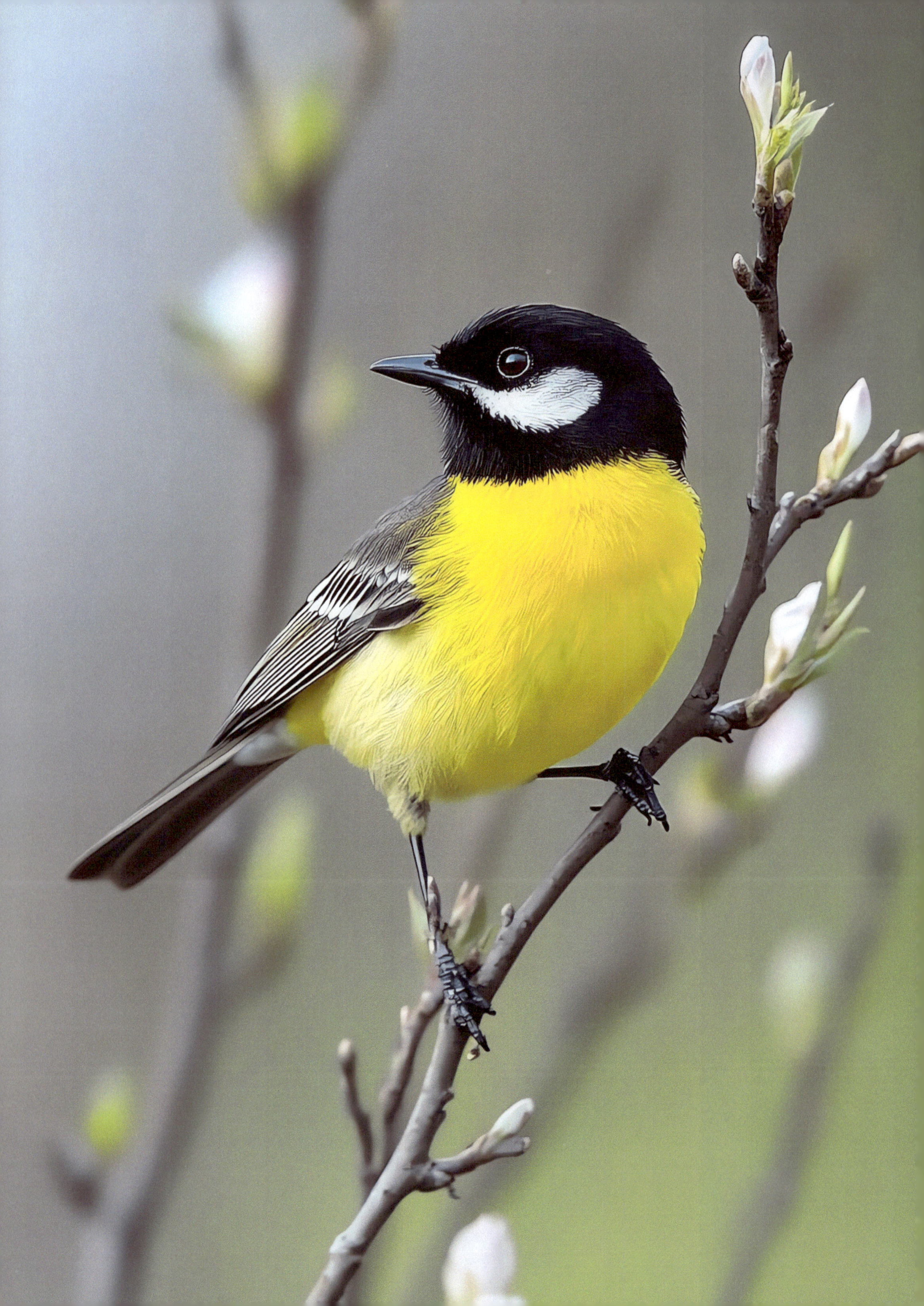

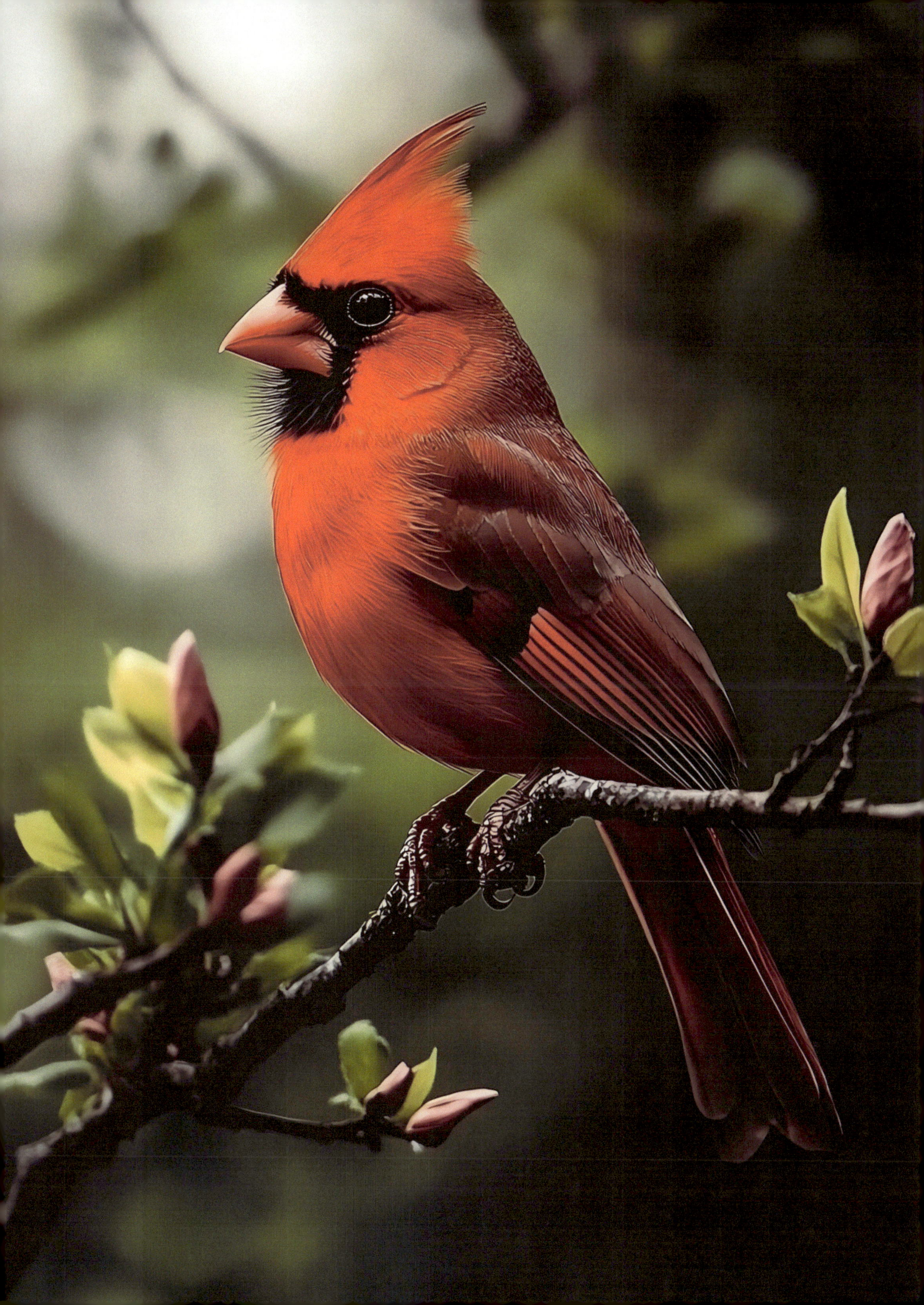

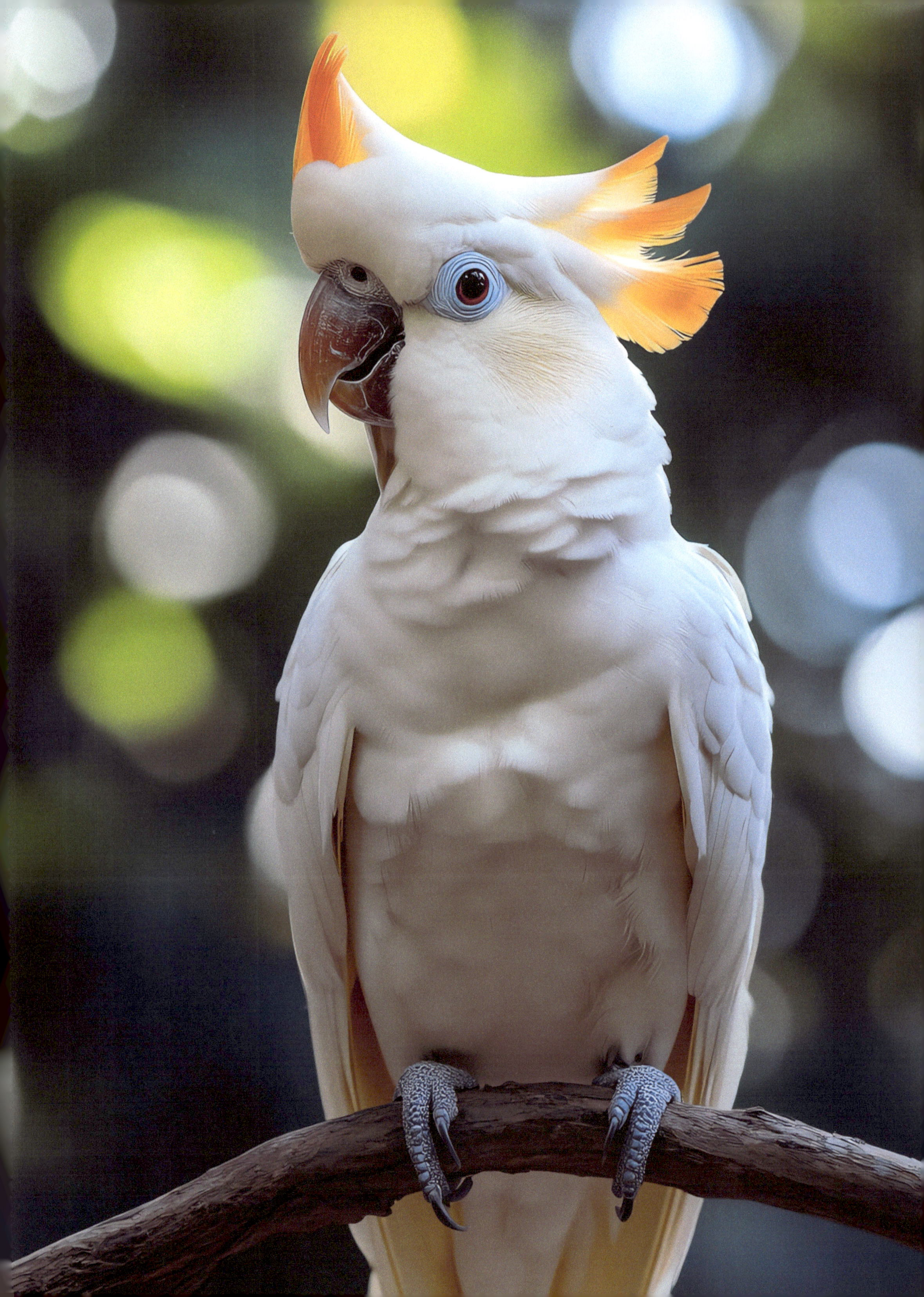

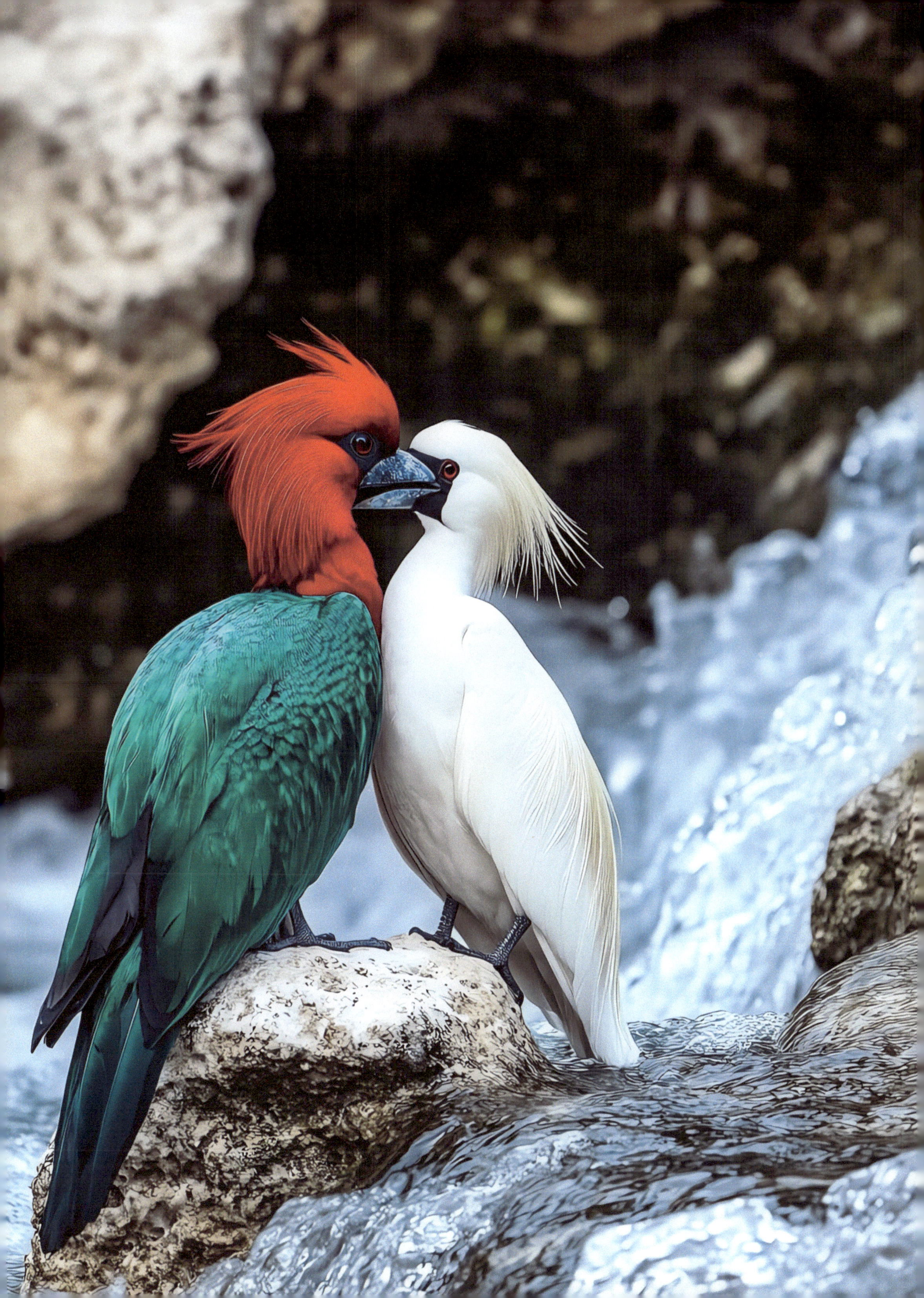

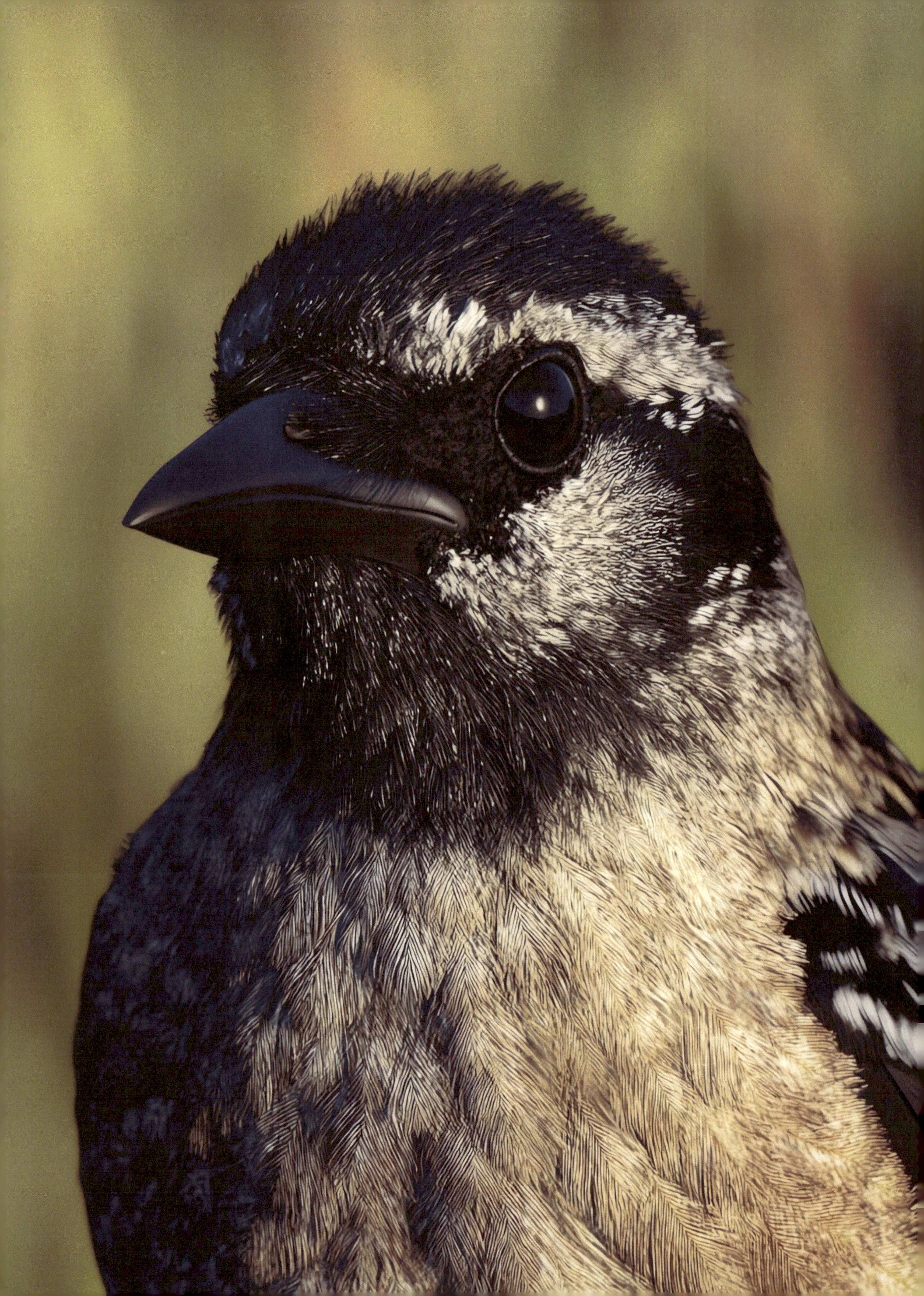

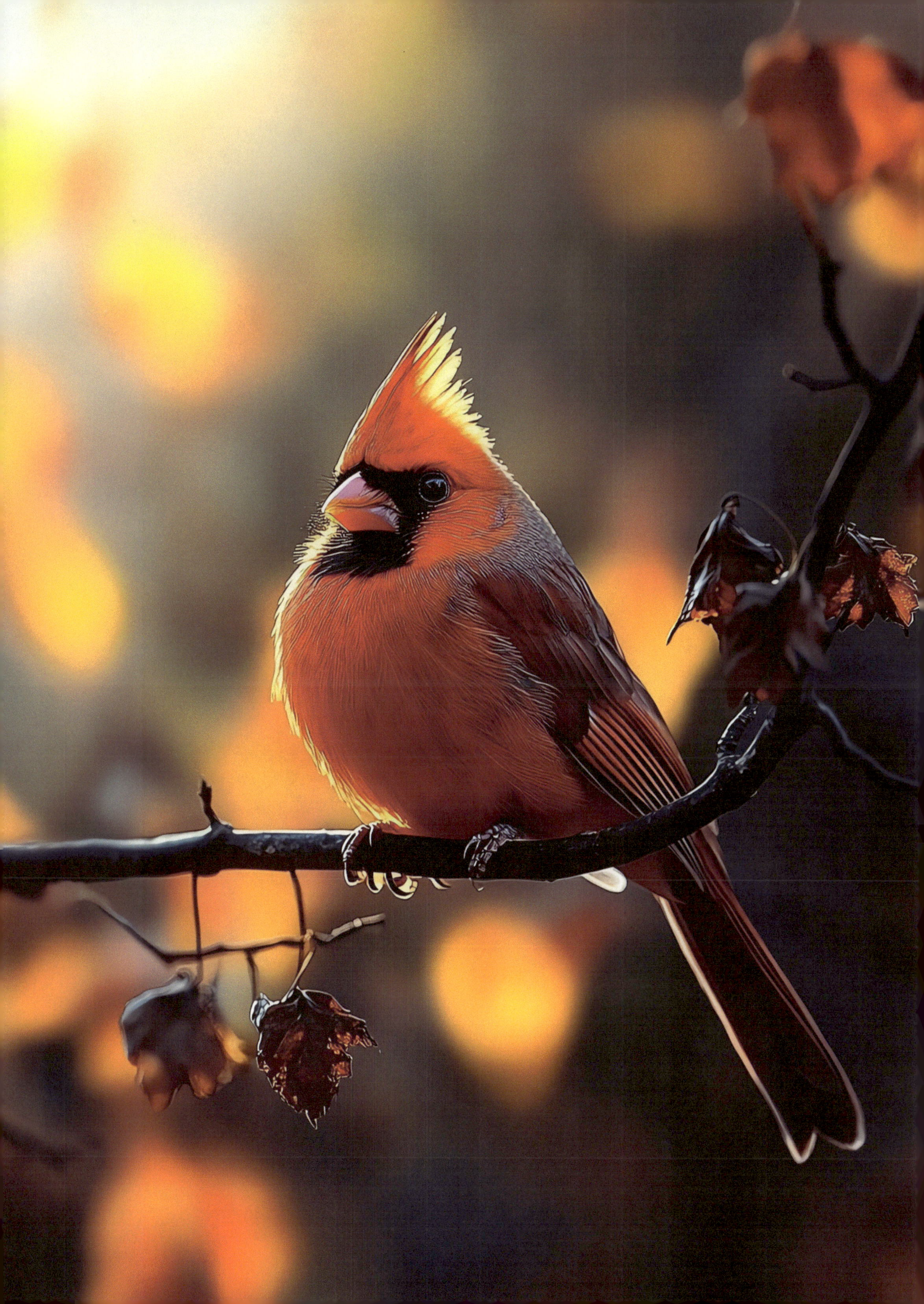

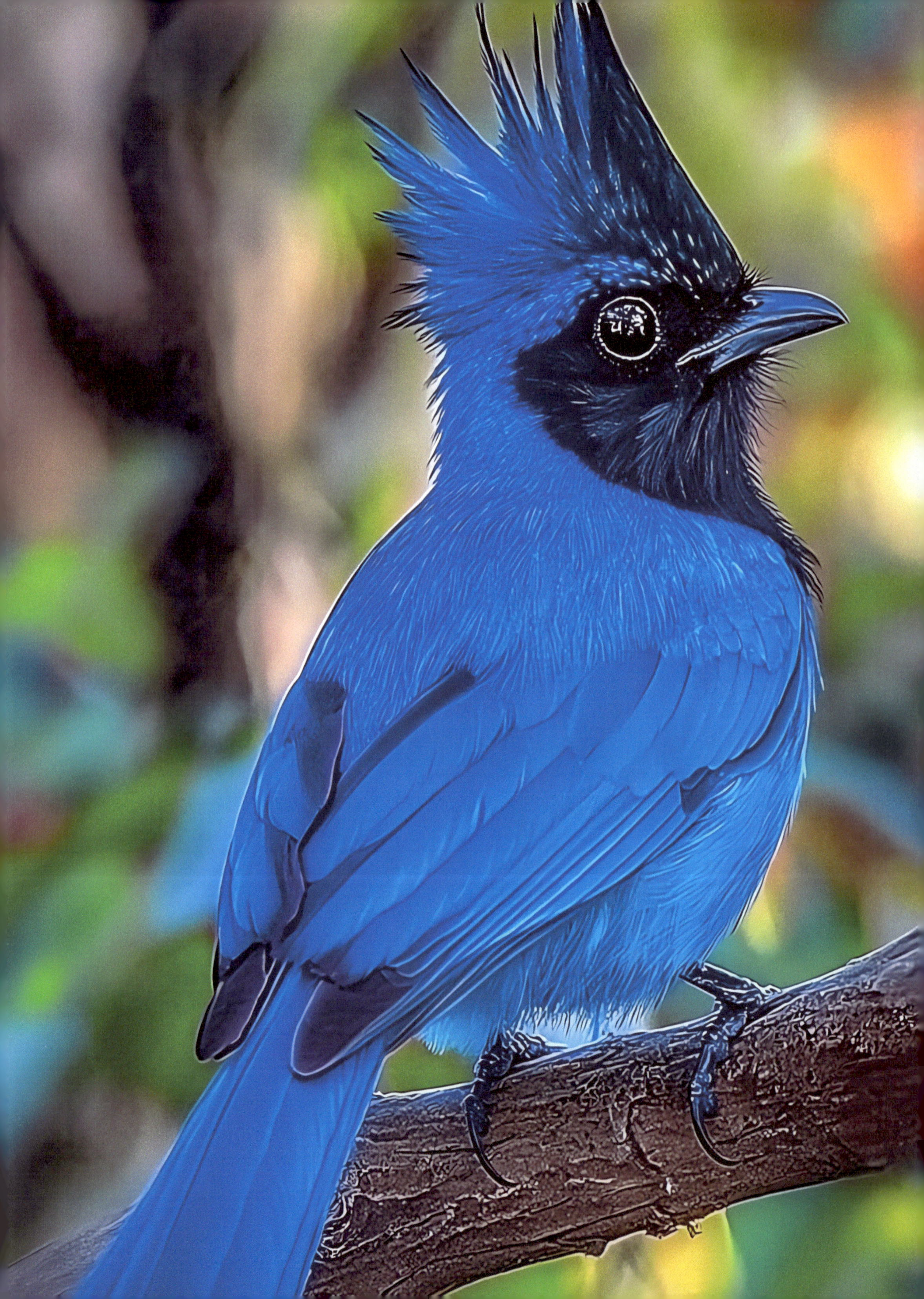

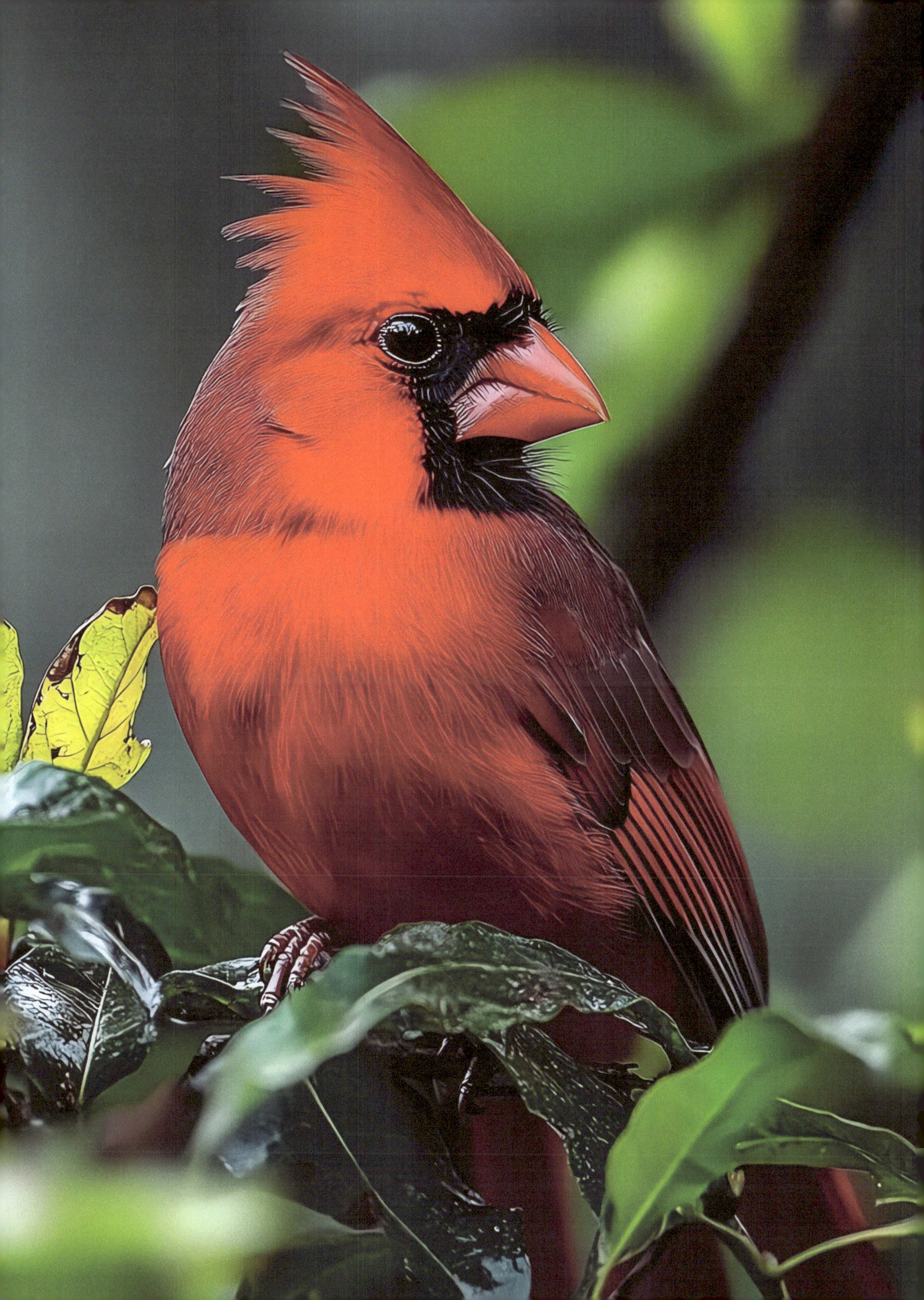

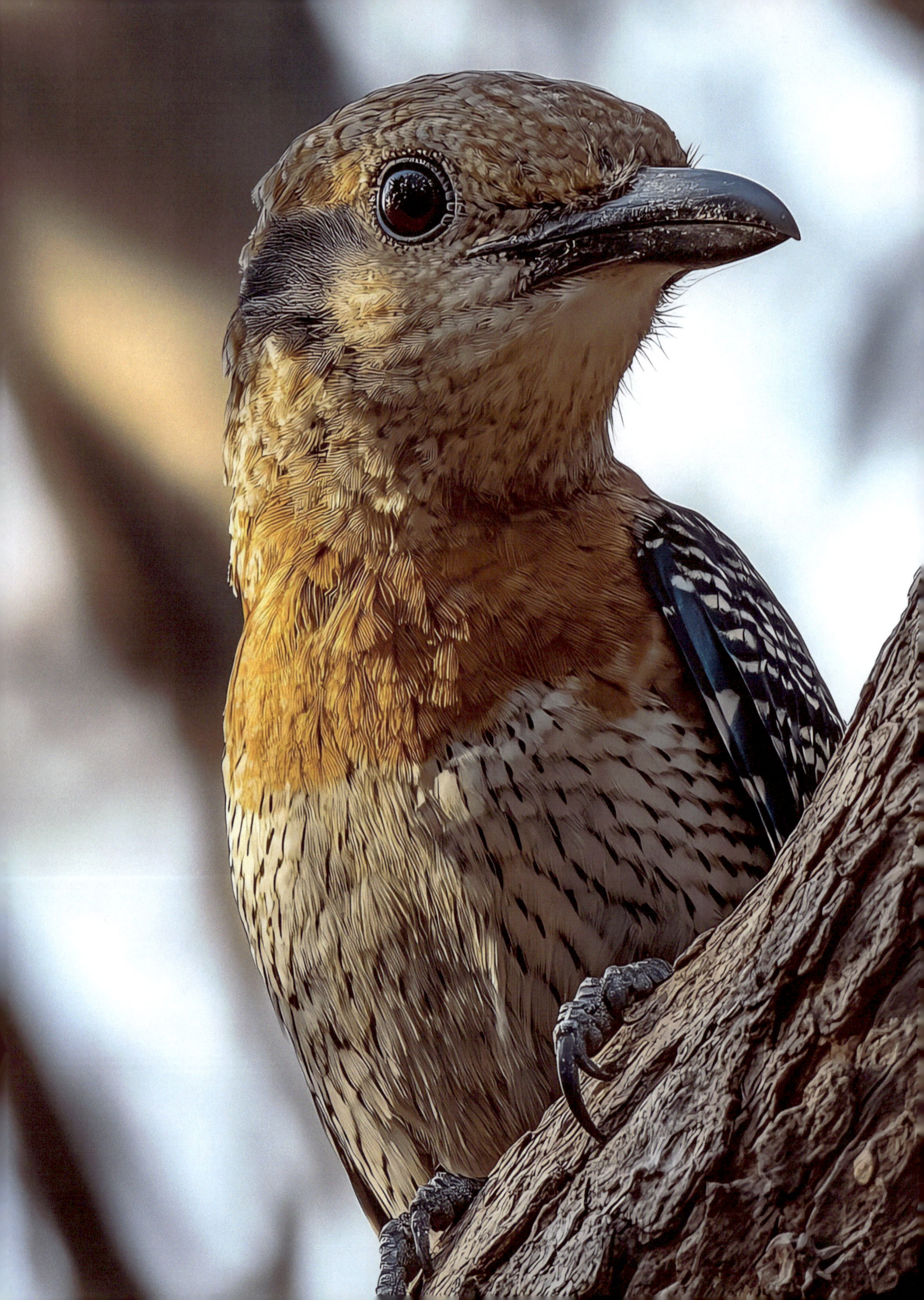

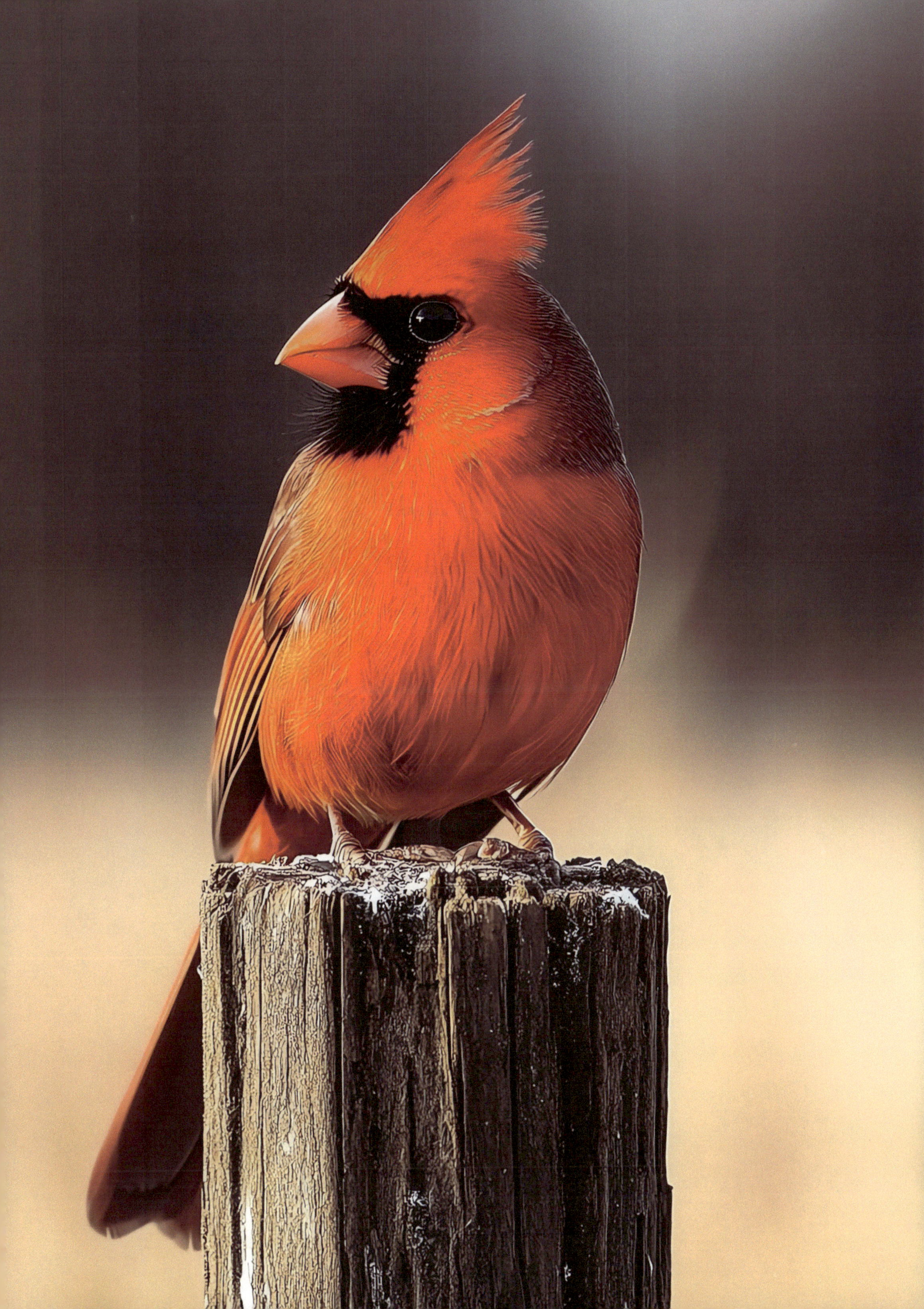

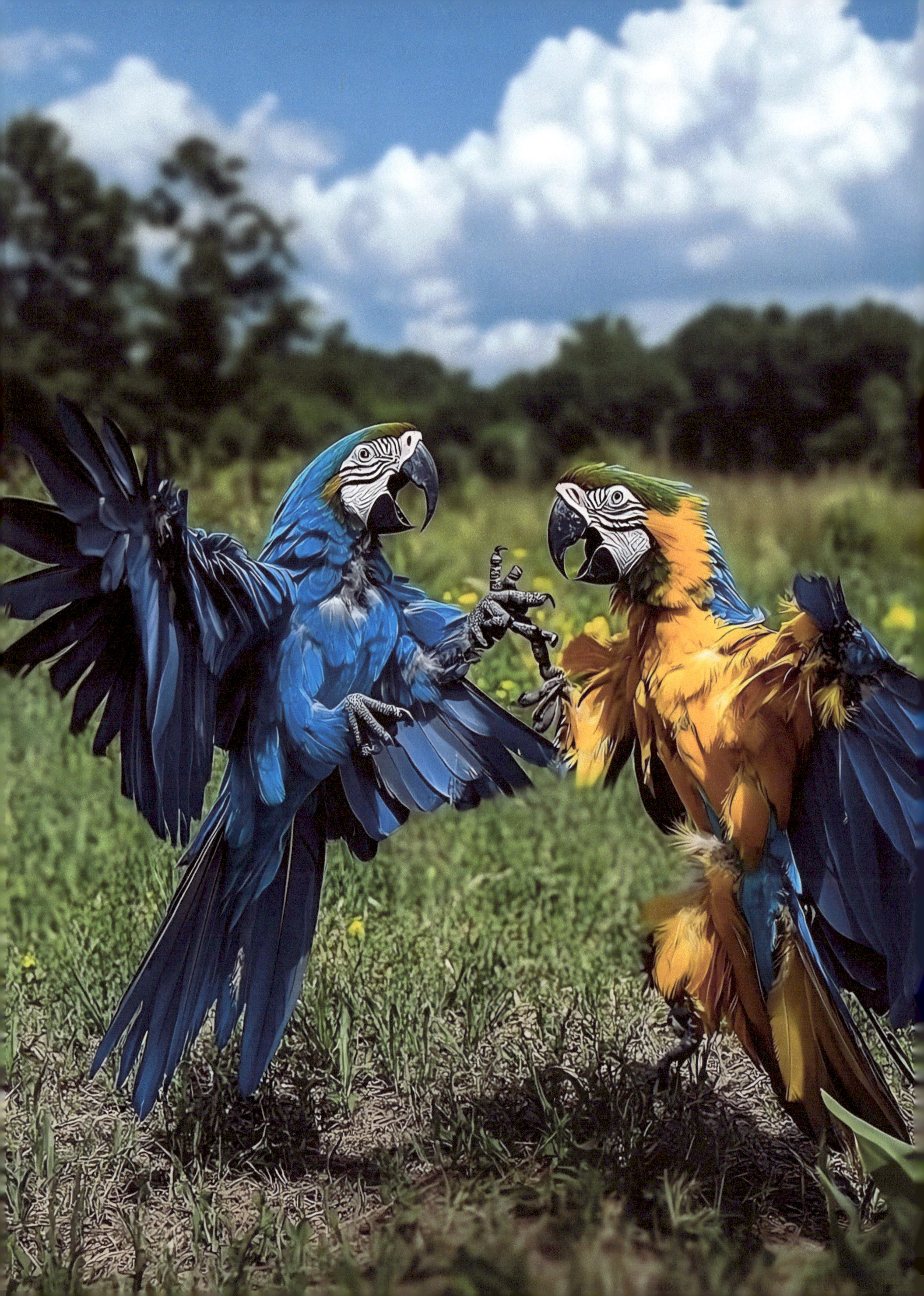

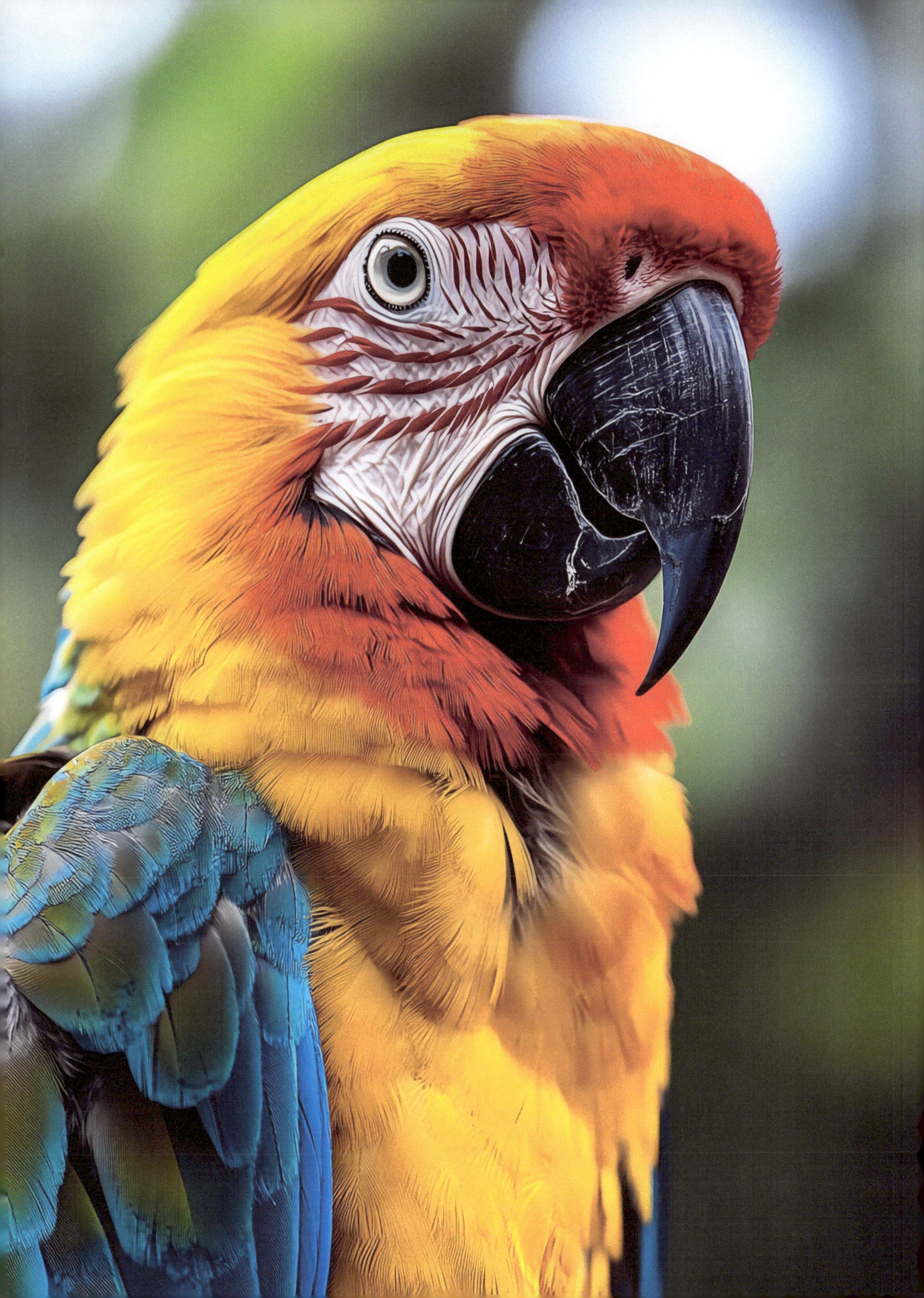

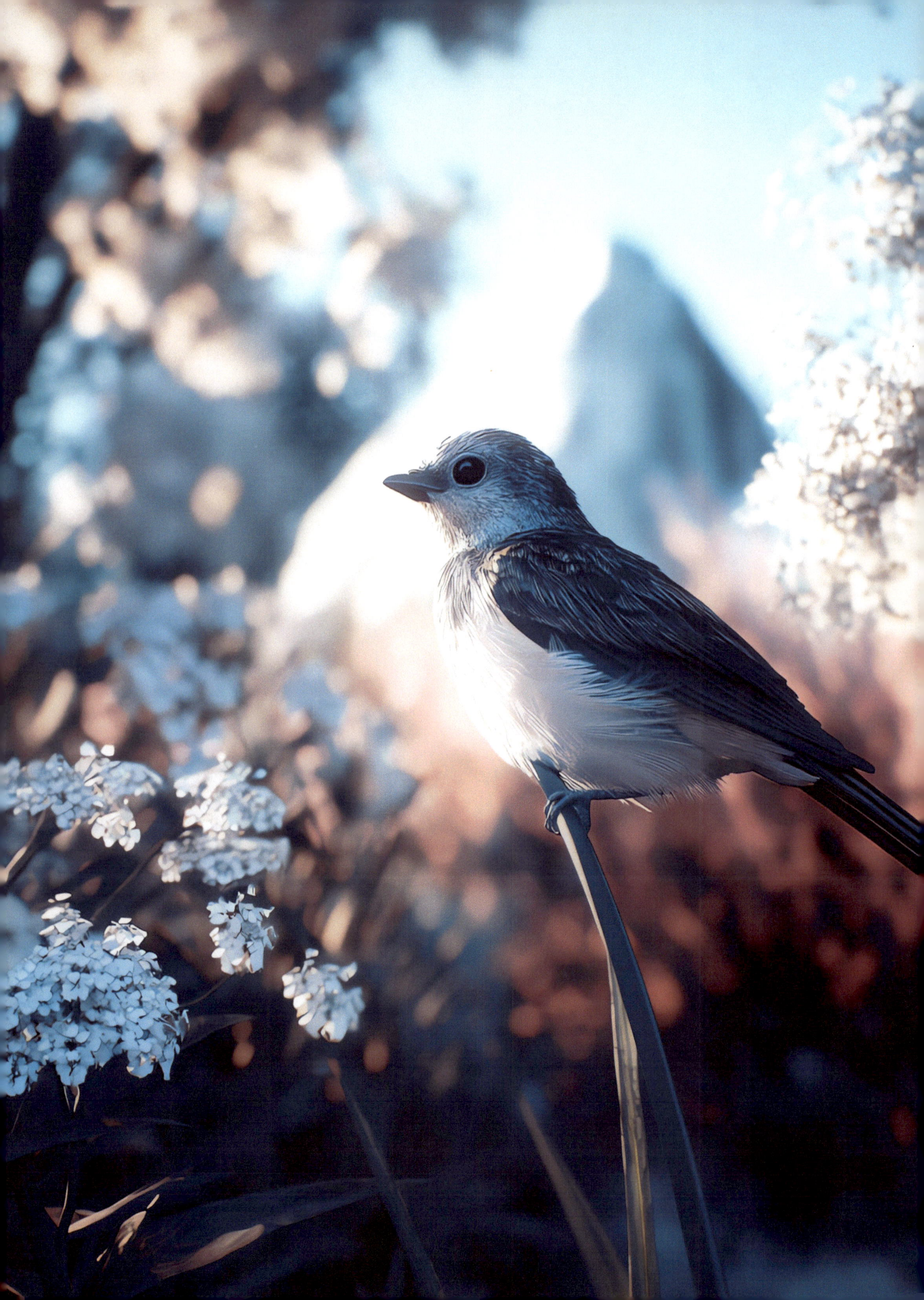

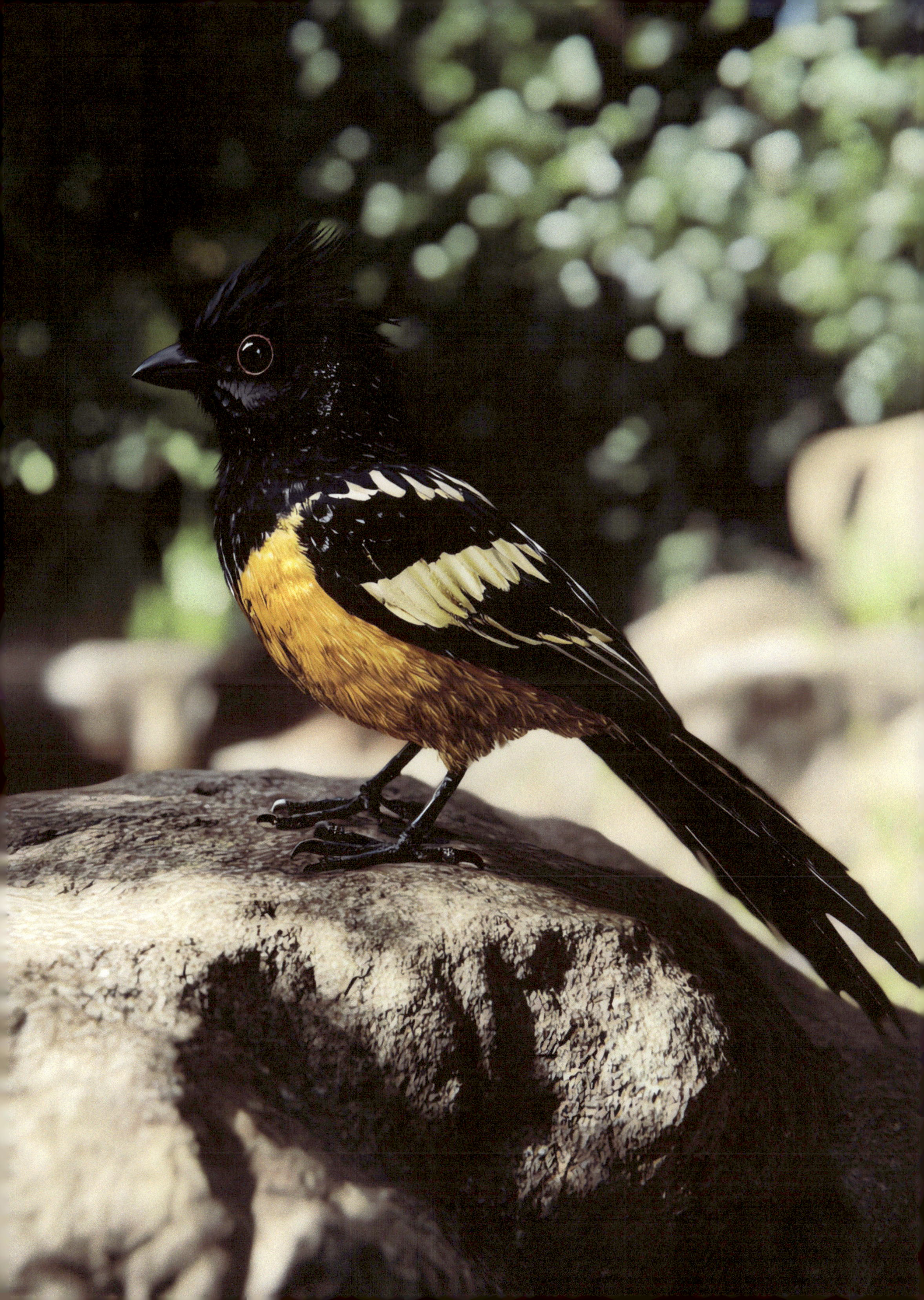

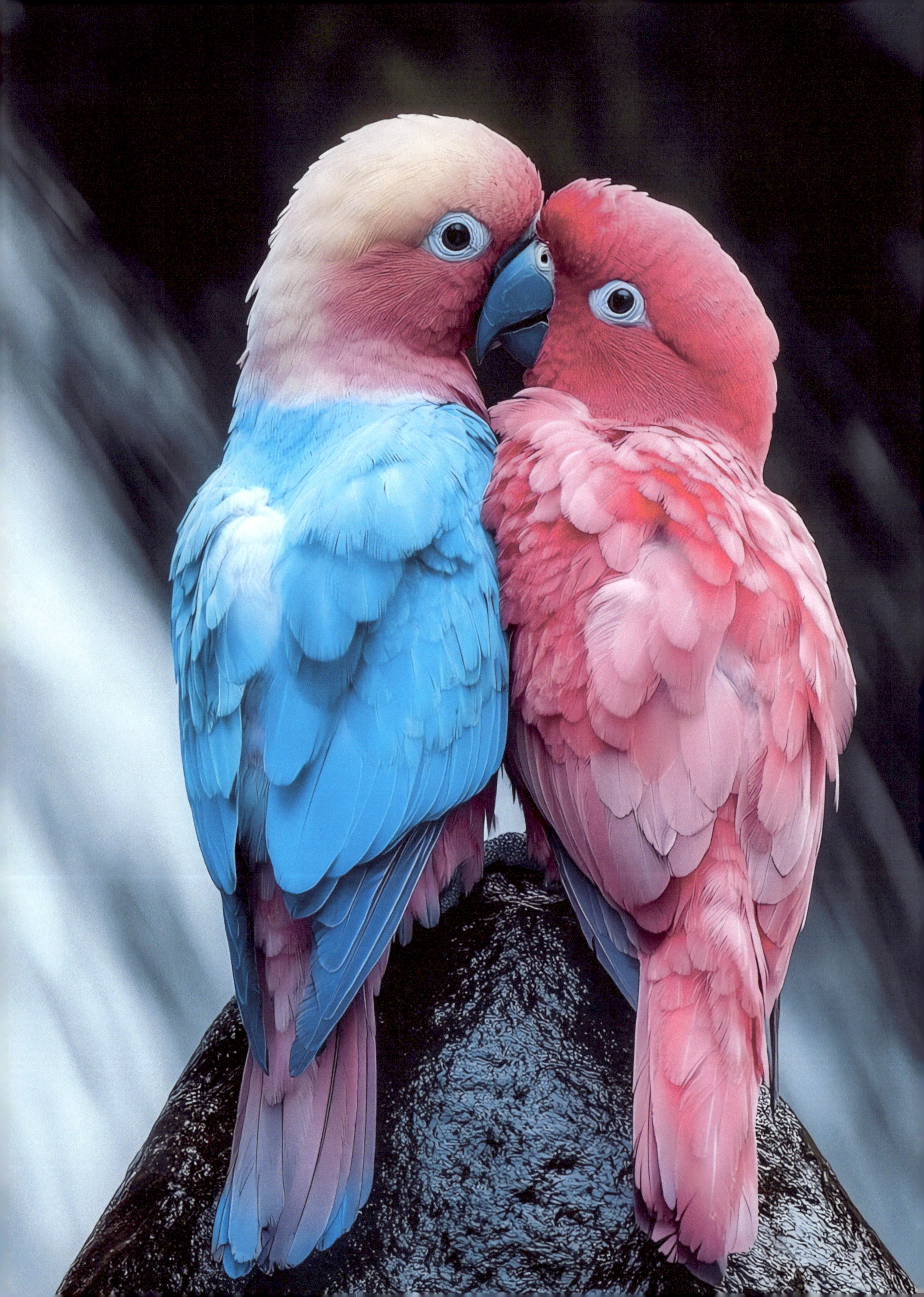

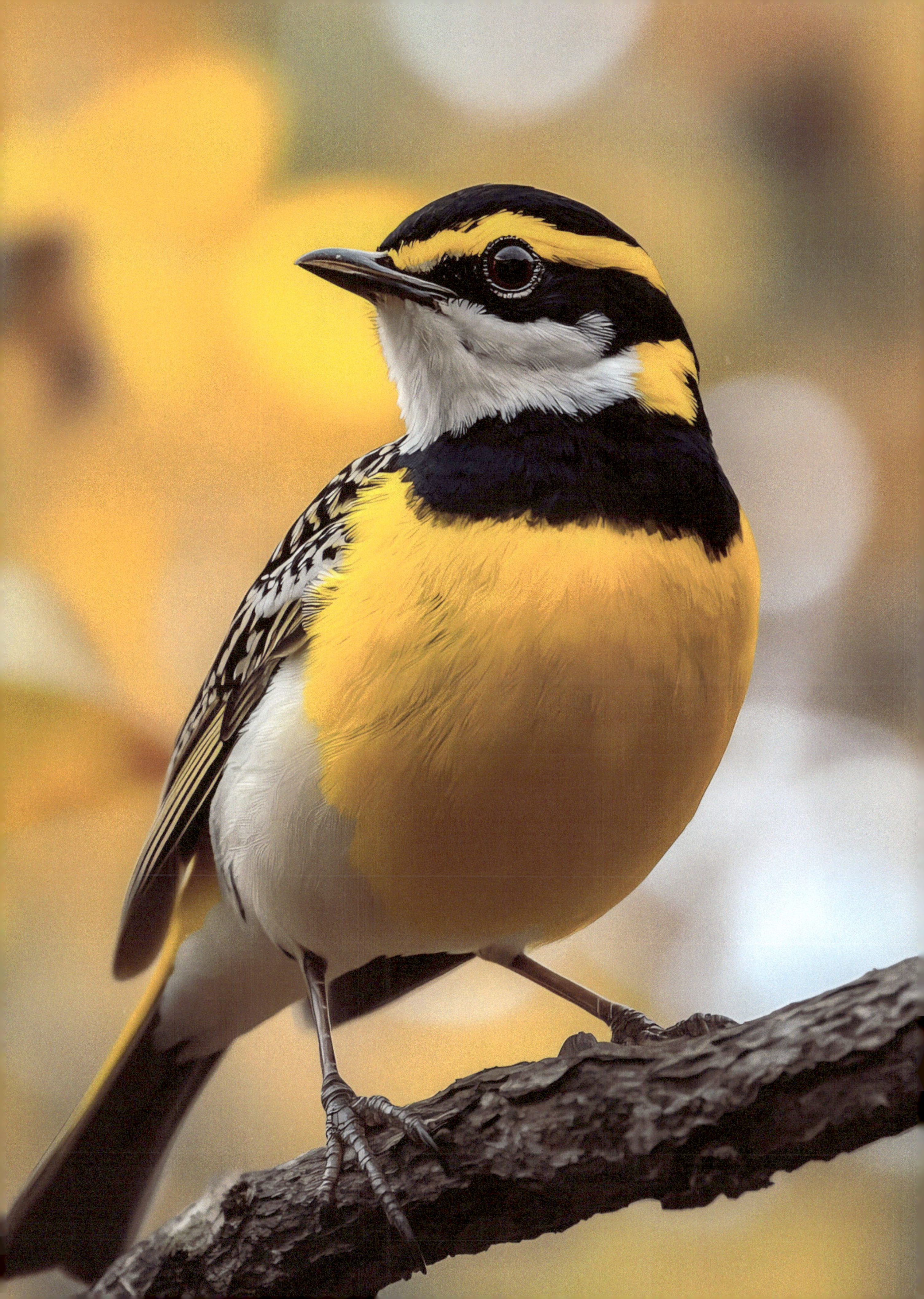

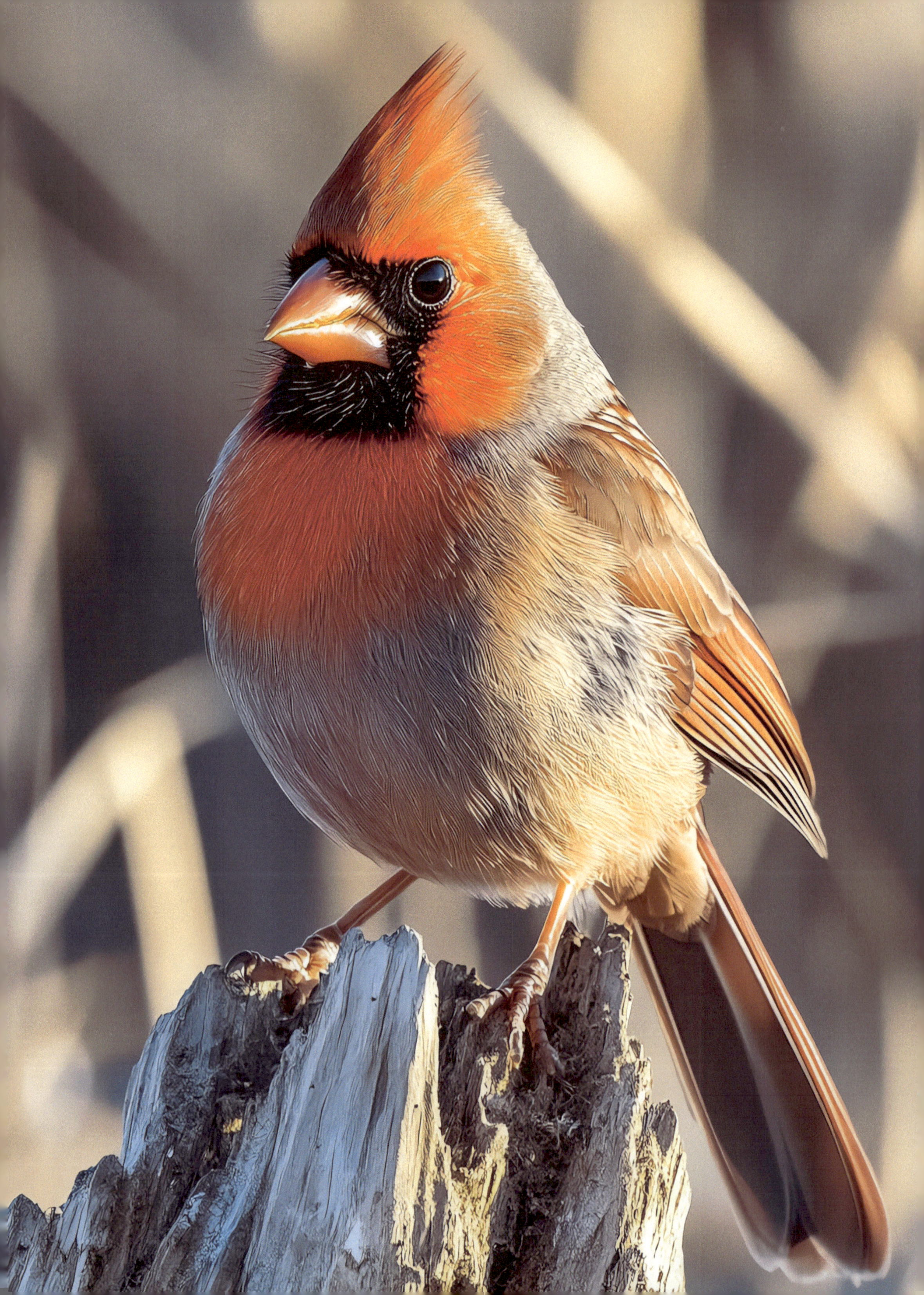